文化名人与民族精神

——2015年北京八家名人故居纪念馆活动纪实

北京八家名人故居纪念馆 编著

中国社会科学出版社

图书在版编目（CIP）数据

文化名人与民族精神：2015年北京八家名人故居纪念馆活动纪实／北京
八家名人故居纪念馆编著.—北京：中国社会科学出版社，2016.5
ISBN 978 - 7 - 5161 - 8018 - 1

Ⅰ.①文…　Ⅱ.①北…　Ⅲ.①名人—故居—介绍—北京市
Ⅳ.①K878.2

中国版本图书馆 CIP 数据核字（2016）第 084285 号

出 版 人	赵剑英	
责任编辑	郑　彤	
责任校对	季　静	
责任印制	李寡寡	

出　　版	中国社会科学出版社	
社　　址	北京鼓楼西大街甲 158 号	
邮　　编	100720	
网　　址	http://www.csspw.cn	
发 行 部	010 - 84083685	
门 市 部	010 - 84029450	
经　　销	新华书店及其他书店	

印　　刷	北京君升印刷有限公司	
装　　订	廊坊市广阳区广增装订厂	
版　　次	2016 年 5 月第 1 版	
印　　次	2016 年 5 月第 1 次印刷	

开　　本	710×1000　1/16	
印　　张	14	
字　　数	151 千字	
定　　价	56.00 元	

凡购买中国社会科学出版社图书，如有质量问题请与本社营销中心联系调换
电话 :010 - 84083683

图一　宋庆龄故居

图二　李大钊故居

图三　北京鲁迅博物馆

图四　郭沫若纪念馆

图五　茅盾故居

图六　老舍纪念馆

图七　徐悲鸿纪念馆

图八　梅兰芳纪念馆

编 委 会

目　　录

第三部分　经典案例

第四部分　学术论坛

第五部分　资讯动态

"文化名人与民族精神"主题活动的
前前后后（代前言）

秦华生　赵笑洁

　　民族精神是一个永恒的话题，中华民族精神源远流长，是世界文化和人类文明版图中重要的组成部分。然而 1840 年以后中华民族积贫积弱，国势衰微，屡遭西方列强的侵略和凌辱。在民族生与死、存与亡的关键时刻，许多先进知识分子纷纷远渡重洋、著书立说，在西方民主、科学观念的影响下，扶大厦之将倾，把改造朽腐国民精神和重建中国新文明作为了他们毕生的使命和奋斗的目标。

　　2015 年，是世界人民，特别是中国人民不能忘却和值得纪念的一年。这一年是世界人民反法西斯胜利暨中国人民抗日战争胜利 70 周年。中国人民的抗日战争深刻而久远地影响了中华民族的命运，广泛地激发了亿万大众强烈的爱国主义精神。在这个波澜壮阔的历史场景中，无数的文化名人挺身而出、联合民众、全力以赴地投身到文化抗战的行列当中。他们用手中的笔为武器，像一把把利剑，又像一挺挺机枪，有力地打击了敌人，振奋了民心。在这些仁人志士中，杰出的代表人物就是 20 世纪的这八位文化名人。在他们之中，宋庆龄从民族解放大局和人民利益出发，捍卫了中华民族的时代精神；李大钊、鲁迅虽未能亲历抗战，但却用自己的不屈的精神铸就成了新时代民族气节，激励着民众抗敌的热情；郭沫若义无反顾地秘密回国，投身到战火的洗礼之中；茅盾、老舍、徐悲鸿、梅兰芳等诸位文化大师也纷纷从不同的方面为抗战的胜利夯实了精神的基石。他们虽然不是运筹帷幄的将军，也不是血战沙场的战士，但他们却用另一种方式驰骋在文化抗战的特殊战场，他们组织抗战宣传，推动文化统一战线，为抗战取得最后胜利作出了独特而巨大的贡献，构筑了中华民族永远不倒的精神长城。这种精神，正是实现中华民族伟大复兴"中国梦"，践行社会主义核心价值体系的时代精神。

2015 年，也是京城八家名人故居纪念馆联盟的关键之年。因为这一年是这个联盟一起牵手走过的第 16 个年头，是总结经验、展望未来、承上启下的一年。前 15 年，在中共北京市委宣传部、北京市文物局、北京博物馆学会、首都博物馆联盟及中共西城区委宣传部和社会各界的大力支持下，八家名人故居纪念馆形成了独具特色的文化品牌，每年结合党中央和"5·18 国际博物馆日"的宣传主题，旗帜鲜明的推出展览和系列文化活动，被誉为"博物馆界的乌兰牧骑"，深入学校、部队、社区、农村及企事业单位，发挥着博物馆宣传和教育阵地的作用。今后，我们相信随着国家文化的大繁荣大发展，随着人民群众不断增长的文化需求，博物馆特别是我们八家文化名人故居纪念馆的队伍会发展壮大，更会在这文化的伟大变革和开拓创新的新时期、新机遇、新形势下，深化内涵、提升品牌、拓展思路，取得新的成就。

2015 年，更是八家名人故居纪念馆的同人永远留在记忆中的一年。因为这一年，在民族精神的感召下，在国家"一带一路"经济战略下，我们八家名人故居纪念馆推出了本年度的主题展览——"文化名人与民族精神"，从第 8 届"清明时节缅怀名人走进故居"系列活动为起点，拉开了全年的宣传序幕。在北京"5·18 国际博物馆日"主会场首都博物馆首站展出，并由霍城县走出的全国政协委员、著名作家艾克拜尔·米吉提先生与肯尼亚中国商会中方代表从北京市文物局局长舒小峰和八家名人故居纪念馆代表手中接过巡展的旗帜，开始了 2015 年"文化名人与民族精神"主题展览的文化之旅。展览先后在北京地区的中国猿人遗址博物馆、密云博物馆、平谷上宅博物馆、北京师范大学、通州区图书馆及外埠的苏州碑刻博物馆、桐乡茅盾故居、新疆霍城少年儿童活动中心、艾克拜尔·米吉提书院、北京师范大学、江苏泰州学院、重庆三峡学院、广州辛亥革命纪念馆等地举办了隆重的巡展赠书、学术研讨、文化讲座、文艺表演等，这些以展览为依托的文化活动，极大丰富了人民的文化生活。应肯尼亚国家博物馆、内罗毕大学邀请，2015年10月以"中华名人展"为主题，在肯尼亚国家博物馆举办了巡展及博物馆交流活动，与内罗毕大学孔子学院举办了展览赠送仪式和座谈交流活动。这是中华八位文化名人展览首次走进非洲，被肯尼亚媒体称为是"一带一路"的文化先行活动，为在国际社会讲好中国故事，传播中华文明作出了重要贡献。

在今天总结过去开创未来之时，我们就更加铭记八家名人故居纪念馆前辈所奠定的良好合作基础，更加思念中途因工作需要离开队伍的馆领导和同人们纯洁的友情，也更加难忘北京八家名人故居纪念馆兄弟单位的亲密合作，如泰州梅兰芳纪念馆、桐乡茅盾故居，还更加感谢社会各界的鼎力支持，没有他们的齐心协力和足智多谋，没有他们的开拓创新和无私奉献，就没有今天八馆联盟的成就，他们秉承着文化名人的民族精神，是后来者的榜样。

民族精神是永生的，也是可以"穿越"的，让八位文化名人与时代同行，就是让他们的精神永远感召着我们，影响着我们，指导着我们，这正是八家名人故居纪念馆推出"文化名人与民族精神"主题活动的主旨所在。2015年10月中共十八届五中全会的召开，为"十三五"规划了宏伟蓝图，"高品位，精内涵，强特色"的总体工作定位也为名人故居纪念馆今后的工作指明了方向，我们要把民族精神的宣传推向更高水平，为实现在2020年全面建成小康社会的宏伟蓝图作出博物馆人应有的贡献。

第一部分

理论前沿

宋庆龄与中印友好的历史启示

艾多　　赵波

中国和印度是两个伟大的东方国家，两国有文字可考的交往史长达
2000多年。近代以来，中印人民在反殖民统治的进程中，互助互鉴，
携手团结，争取了各自民族的独立与解放，推动了亚洲的觉醒与发展。
宋庆龄女士作为孙中山先生的夫人，一生都对中印友好情有独钟。尤其
是1927年在莫斯科结识尼赫鲁后，不论身处变局，还是位居高职，一
直维系着与尼赫鲁及印度友好人士的往来，为增进两国了解和友谊呕心
沥血、鞠躬尽瘁，作出了特殊的贡献。

一　振兴亚洲，加强与印度革命者互助互勉

孙中山对中印两国的战略定位，对宋庆龄一生影响重大。从立志反
清革命时起，孙中山就开始考虑振兴亚洲的问题。他意识到，西方推行
殖民统治，"不独是中国，所有亚洲各国都将成为西方的奴隶"[1]。革命
屡遭失败后，孙中山更加重视与印度革命者的合作，强调要"唤醒亚
洲各国，尤其是中国和印度"[2]。辛亥革命的胜利给印度革命者以巨大
的鼓舞，孙中山被视作世界民族英雄，"下凡的天神"[3]。

---

[1]　王耿雄等编：《孙中山集外集》，上海人民出版社1980年版，第121页。
[2]　同上书，第150页。
[3]　［印度］M. N. 罗易：《罗易回忆录》上册，商务印书馆1978年版，第4页。

孙中山与印度革命者惺惺相惜、互相帮助，给宋庆龄留下深刻印象。晚年她在给友人的信中写道："印度的布斯、穆克其、罗伊、莫吉姆巴和查特其，常常到我们在东京青山原宿的家里来。有时他们借钱给我们；有时我们还他们钱，或者也借钱给他们。"①

继承孙中山的遗志与思想，宋庆龄继续从事中印友好事业。中国抗战期间，宋庆龄在一篇文章中指出："印度和中国必须紧紧地在一起工作，那是亚洲获得自由的唯一的道路。"② 她还委托印度援华医生巴苏华带一封信给印度人民，信中说："谨向为自由而战，保卫祖国，反对法西斯侵略的印度人民致敬。"

二 联结纽带，促进中印两国在抵御帝国主义侵略中携手团结

孙中山逝世后，宋庆龄独立登上政治舞台。1927 年，为完成孙中山的遗愿，宋庆龄出访苏联。11 月，在苏联国庆十周年纪念活动期间，尼赫鲁和他的父亲与宋庆龄初次相识。此次见面，奠定两人一生的友谊根基。尼赫鲁评价宋庆龄为 "高雅的夫人。自从中国的革命之父逝世之后，她一直是中国革命的火焰和灵魂"。他们只谈了 "短短的半小时"，但从此 "一直抱着同她再见的愿望，因为她是全世界的上乘人物"③。宋庆龄给尼赫鲁寄赠了她与孙中山的合影照片，尼赫鲁 "一直视同珍宝"，挂在房间里，只要在家，每天总要看它。

1928 年 10 月，尼赫鲁邀请宋庆龄参加印度国大党年会，万一不能来，希望她撰写一篇关于国大党的文章，"如果可能的话也撰写一篇关于印度妇女的文章"。宋庆龄身在欧洲，未能成行，按约定撰写的两篇文章，在国大党年会上被宣读。尼赫鲁表示相信，宋庆龄 "作为印度

---

① 宋庆龄基金会、中国福利会编：《宋庆龄书信集》下册，人民出版社 1999 年版，第651 页。

② 盛永华主编：《宋庆龄年谱》上册，广东人民出版社 2006 年版，第 761 页。

③ 转引自伊斯雷尔·爱泼斯坦《宋庆龄——二十世纪的伟大女性》，沈苏儒译，人民出版社 1992 年版，第 238 页。

尊贵的客人而来到这个国家的日子不会远了"①。

七七事变后，任国大党主席的尼赫鲁向新闻界发表声明，支持中国。他说："印度尽管不能采取什么有效行动，但对这一悲剧不能袖手旁观……我们必须组织抗议活动，时刻注视事态的发展。"② 印度各地多次举行了"中国日"活动，民众抗议、筹集款项，支援中国抗战。宋庆龄得知后，致函尼赫鲁表示感谢说："我们以十分感激的心情得知印度人民为表示对中国的同情和支持，举行了示威游行，这对我们是一种鼓舞。"③

1938 年，印度国大党组成了以尼赫鲁的妻弟爱德华医生为队长的援华医疗队，9 月 17 日抵达广州。宋庆龄、何香凝和广州各机关团体代表及印籍侨民等 2000 余人，到广州码头欢迎。经宋庆龄的介绍，五名印度医生辗转来到延安，投入华北战场，从事医疗卫生工作。

宋庆龄非常关心印度医生们的生活、工作，她和尼赫鲁时常通信，交换意见。宋庆龄在向木克华了解情况之后，致函尼赫鲁："我和木克华大夫长谈过一次，谈关于医疗救济工作和贵国能如何帮助我们的问题……我要继续获得你领导的工作的情况并以极大的同情关注你的事业的进步，这也是中国的事业。"④ 1942 年 12 月 9 日，年仅 32 岁的柯棣华大夫以身殉职，宋庆龄发去唁电："后世将比今天对他更崇敬——因为他是为未来而斗争，为未来而献身的。"⑤ 1943 年 7 月，最后一名在华的医疗队成员巴苏华回国时，宋庆龄在重庆寓所会见了他，询问医疗队，特别是柯棣华医生病逝的情况。

抗战期间，宋庆龄领导创建了保卫中国同盟，呼吁国际社会对中国抗战给予道义、舆论、物资等多方面的支持。她邀请尼赫鲁和爱德华担

---

① 盛永华主编：《宋庆龄年谱》上册，广东人民出版社 2006 年版，第 415 页。

② 中国人民对外友好协会、中国印度友好协会、中国南亚学会编：《中印友谊史上的丰碑——纪念印度援华医疗队》，世界知识出版社 2008 年版，第 28 页。

③ 宋庆龄基金会、中国福利会编：《宋庆龄书信集》上册，人民出版社 1999 年版，第 111 页。

④ 同上书，第 157—158 页。

⑤ 《中国福利会志》编纂委员会编：《中国福利会志》，上海社会科学院出版社 2002 年版，第 15—16 页。

任保卫中国同盟的名誉会员,尼赫鲁欣然"接受名誉会员职位,作为印度同中国人民在他们争取自由的英雄斗争中团结一致的象征"①。

1939 年 8 月,尼赫鲁在战火中访华,宋庆龄虽受聘为国民政府"欢迎尼赫鲁访华筹备会"顾问,但因故未能与尼赫鲁见面。她在信中说,"未能在你到达中国时去欢迎你"是"多么深深地失望"。虽未谋面,但失望之情使二人的"同志之谊"更为牢固,也更坚定了二人对中印民族解放事业必定成功的信念,他们在通信中互勉:希望在不久的将来,当中国和印度都获得自由时,能够相见。

宋庆龄和尼赫鲁都是各自国家内非官方但是举足轻重的人物,他们视民族危亡为己任,在民族危难之际,竭尽所能救国救亡。这一时期印度对中国抗战的同情与支持,宋庆龄与尼赫鲁的私人友情,是有深厚思想共鸣的两位革命家、两个国家友谊的见证。

三　尽心竭力,增进中印两国相互了解、友好交往

1947 年印度独立和 1949 年新中国成立后,中印友好翻开了新的一页。1950 年 4 月,印度与中国互派大使,印度成为第一个与新中国建交的非社会主义国家。

宋庆龄密切地关心、关注着中印友好事业。1951 年 5 月,印度加尔各答印中友好协会和孟买印中友好协会成立,宋庆龄专致贺信,希望友协在促进印中之间的文化、商业、知识及情感的交流方面获得一切的成功。印中友协第一次全国会议召开之际,宋庆龄致信祝贺,强调"加强这些友好的联系并协力采取进一步的步骤以取得世界的安宁"②。1952 年,印度举行"亚洲周"活动,宋庆龄认为这"是一个重要的事件"③,并给予积极回应。1952 年 10 月,宋庆龄和郭沫若等在世界和平理事会的支持下,发起召开"亚洲及太平洋区域和平会议",宋庆龄

---

① 《中国福利会志》编纂委员会编:《中国福利会志》,上海社会科学院出版社 2002 年版,第 15 页。
② 《人民日报》1953 年 12 月 12 日。
③ 《人民日报》1952 年 8 月 9 日。

担任会议执行主席。印度的赛福丁·克其鲁当选为联络委员会主席。会议对亚太地区各国人民形成争取和平的团结局面起到了重要作用。

1954 年 10 月，尼赫鲁访华。宋庆龄陪同出席了近 10 场活动，并邀请尼赫鲁和女儿到自己方巾巷的寓所共进午餐。10 月 27 日上午，尼赫鲁离京去华东、华南等地参观。他先后到中山陵、孙中山故居、中国福利会少年宫和幼儿园参观，在上海艺术剧场观看了由中国福利会儿童剧团演出的话剧。因为这些都是他的老朋友宋庆龄开创的事业，此前在宋庆龄通信中多次提及，他终于亲眼见到了，感到十分亲切。

应尼赫鲁及印度政府邀请，宋庆龄实现了多年的愿望，于 1955 年 12 月 16 日至 1956 年 1 月 2 日访问印度（图一）。她在机场发表讲话，强调中印关系的重要性，"我们两国的团结和合作，对维护和巩固亚洲和世界和平正起着重大的作用"①。在印度的 17 天，她访问了新德里、孟买、班加罗尔等城市，参观了医院、工厂、研究所、工业博览会、博

图一　尼赫鲁欢迎宋庆龄访问印度

---

① 《人民日报》1955 年 12 月 18 日。

物馆、历史遗迹，所到之处，受到当地政府、社会团体和印度人民的热
烈欢迎。特别值得一提的是，宋庆龄访问了前来出席会议的印度世界事
务委员会，她受到该委员会主席孔兹鲁、国会议员加德吉尔及潘尼迦的
欢迎。

访印期间，宋庆龄在不同场合表达了中印友好以及对尼赫鲁本人的
感谢。为纪念印度之行，表达终于实现访印与老朋友相见的多年愿望，
宋庆龄专门创作了英文诗《一万万双手》。让我们共同重温这首饱含深
情的诗篇：

> 我们两国山水相连，
> 我们的人民心心相印，
> 世代和睦如兄弟。
> 印度、中国，
> 两个觉醒的民族。
> 北京、新德里，
> 正在崛起的新亚洲。
> 和平与友谊啊，
> 一万万双手是你的保卫者！
> 印度、中国是兄弟！
> 印度、中国是兄弟！

1981 年，宋庆龄病重，尼赫鲁的女儿、时任印度总理的英迪拉·
甘地夫人专电慰问："宋庆龄女士阁下：获悉你的病情，深表关切。祝
你早日康复。"①

宋庆龄故去了，但她为世界和平、为中印友好所做的一切，永远被
两国人民所铭记。2007 年 10 月，索尼娅·甘地夫人访华期间，特意来
到宋庆龄故居，深切缅怀宋庆龄与尼赫鲁·甘地家族的友情，追忆宋庆
龄对印度人民的真挚情感。

---

① 《宋庆龄纪念集》，人民出版社 1982 年版，第 317 页。

宋庆龄对印度的友好情谊，已成为两国人民难忘的佳话。正如尼赫鲁在 20 世纪 50 年代所说，与宋庆龄在一起，"就能对生活中许多至关重要的事情获得信念，有时候一个人极其需要那种信念。你不仅对中国来说是一盏指路明灯，而且对其他国家的许多人来说也是一盏指路明灯。我不知道你是否意识到了你光芒四射的品格对于其他人来说是多么的有意义"①。

　　　　　　作者艾多系中国宋庆龄基金会研究中心主任、
　　　　　　　　宋庆龄故居管理中心主任，
　　　　作者赵波系中国宋庆龄基金会研究中心研究室副主任

---

① 上海宋庆龄故居纪念馆编译：《宋庆龄来往书信选集》，上海人民出版社 1995 年版，第 151—152 页。

梅兰芳艺术精神与文化空间刍议

刘　祯

　　一百年前，是缔造 20 世纪京剧表演艺术传奇的梅兰芳艺术的肇始期；一百年后，梅兰芳已经离我们越来越远，但他的艺术、他的品质、他的思想却越来越为后人所珍视，成为 20 世纪戏曲艺术的一个象征符号。这一百年来，社会经历了前所未有的动荡和起伏，时代发展波诡云谲，科技信息日新月异。尤其是 20 世纪 80 年代以来，有太多的新生与创造，也有太多的尘封与淘汰，披沙砾金，鱼龙混杂。多元多样中，也有着自我过多的遗失和丢弃。

　　近年来，随着中国经济的快速发展和科技信息的突飞猛进，人们愈益认识到传统文化对于一个国家和民族发展与生存的重要性。习近平总书记特别强调弘扬优秀传统文化，认为"中华文化源远流长，积淀着中华民族最深层的精神追求，代表着中华民族独特的精神标识，为中华民族生生不息、发展壮大提供了丰厚滋养。中华传统美德是中华文化精髓，蕴含着丰富的思想道德资源。不忘本才能开辟未来，善于继承才能更好创新。对历史文化特别是先人传承下来的价值理念和道德规范，要坚持古为今用、推陈出新，有鉴别地加以对待，有扬弃地予以继承，努力用中华民族创造的一切精神财富来以文化人、以文育人"①。一个现代国家的成熟与强大，不仅是经济指标与军事实力的，更是国家体制制度与文化自觉自信的。对文化的态度和认识，体现着国家的文明程度，

---

① 2014 年 2 月 24 日在中共中央政治局第十三次集体学习时的讲话。

而对传统文化的态度和认识，是国家和民族思想与心理走向成熟和自信自觉的反映和表现。

如果说 20 世纪是戏剧时代，那么，最能体现这种时代性的无疑是京剧艺术，而梅兰芳则站在了 20 世纪京剧艺术发展的潮头和顶端。

梅兰芳离我们越来越远，这是一个革故鼎新、日新月异的岁月，以往戏曲声腔流行可达数十年，如明代王骥德所谓"世之腔调，每三十年一变，由元至今，不知经几变更矣！"① 如今的流行音乐能够持续三五年就属于相当长了，有的艺术风行三五个月，甚至更短，即被更新的时尚所取代。无论是 20 世纪前期的梅兰芳，还是 20 世纪后期流行一时的香港歌星梅艳芳，均已成为历史，离现实越来越远。但梅艳芳的艺术与梅兰芳艺术不同，梅艳芳艺术完全是流行艺术；梅兰芳艺术是传统艺术的集大成，也衍化为那个年代的流行艺术，故人们津津乐道、趋之若鹜。梅兰芳艺术的积淀和梅兰芳艺术精神，对于 21 世纪的中国文化、中国艺术仍具有传承、弘扬的价值和意义。

梅兰芳的表演，对于 20 世纪 20 年代的上海人，风靡一时，"一有梅兰芳到上海来的消息，上海的茶馆酒铺里，大家兴高采烈，谈论的无非是梅兰芳。家人聚话，店伙闲谈，谁也不要提及他？而浴堂里的扦脚匠，搁起了人家的脚，理发店里剪发师，揿住了人家的头，尤为津津乐道。梅兰芳一到上海，居住的旅社门前，聘他的舞台阶下，人头济济，都想一瞻他的风采，究竟比天上安琪儿胜过几分？梅兰芳不来上海便罢，梅兰芳既来上海，上海人不去看他的戏，差不多枉生一世。所以当去包脚布，也要去看他一回。梅兰芳一到上海，上海人有儿子的，就发生教儿子将来也要唱戏，做第二个梅兰芳的心思"②。梅兰芳鹊起于 20 世纪 10 年代的上海，这是 20 年代初上海人对于梅兰芳到来的反应，一种全民性的喜欢与痴迷，其热烈程度通过文字叙述犹觉历历在目。抗战期间，梅兰芳闭门不出，蓄须明志，但是梅兰芳及艺术的影响丝毫不因为他几年淡出舞台而稍减。"梅兰芳三个字在大部分人的脑筋里，已经

---

① 《曲律·论腔调第十》。
② 俞慕古：《上海人与梅兰芳》，《申报》1923 年 12 月 21 日第八版。

成为一种古代东方美的代表型，而不仅是一个艺人的名字了。我相信许多真的古代美人未必有他在舞台上所表现的那样美，而且他以前到世界各国演戏的时候，各国艺术界人士曾一致承认他全身的动作是合于最新的美学原理的，虽然他们不懂得旧剧的唱功，但他在美国表演时，有一天唱完以后，观众大受感动，鼓掌不止，只得出场致谢，启幕达二十余次之多，打破全世界歌唱的纪录，你能说这是偶然的吗?"① 他的影响和流行，不仅成为"古代东方美的代表型"，也得到各国艺术界的认可，"打破全世界歌唱的纪录"，这就是梅兰芳及艺术地位与成就。

梅兰芳离世已有 50 多年，然而"梅派"艺术及梅兰芳艺术精神绵延不绝，始终活着并被发扬。21 世纪，在走向文化自信和民族复兴之路上，梅兰芳对于我们依然是一个典型、一个代表、一个象征。今天，"梅派"传承剧目和唱腔依然是人们所乐道和追逐的，"梅派"艺人也是薪火相传，努力将其发扬光大。梅兰芳留给后人一笔丰厚的艺术遗产，这笔遗产不仅使京剧表演艺术在 20 世纪达到了高潮，也使"梅派"艺术光彩夺目。它对京剧艺术的丰富和滋养、它对京剧地位的确立和巩固，不以梅兰芳的离世而有所逊减。今天，"梅派"表演构成梅兰芳艺术的基础和主体，是一个比较清晰的概念范畴，其传播和弘扬均有着相对明晰的指向和目标，但梅兰芳的历史文化意义，却远不止"梅派"一词所能全部归纳，梅兰芳艺术精神即是"梅兰芳"这一文化符号更具涵盖、也更为核心和本质之概括，也是诠释梅兰芳之为梅兰芳、"梅派"之为"梅派"、梅兰芳所以能够缔造京剧之崇的索解之码，是梅兰芳自身之因与社会时代外因互相扭结、交织的体现。而这，显然远远不局限于舞台氍毹，而这种艺术精神体现为遵循规律、掌握规律和顺应时代与社会审美变化的创新发展，体现为一种艺术发展和社会发展的相融合和正能量。梅兰芳艺术精神是一个综合体，是艺术与思想、精神的统一。

其实早在 20 世纪 20 年代，梅兰芳影响如日中天时，有学者已经不局限于探讨他的天生丽质及其艺术作品，并认为梅兰芳是艺术界的梅兰

---

① 冀之枫：《梅兰芳再演营业戏》，《申报》1946 年 5 月 19 日第八版。

芳，不是戏剧界的梅兰芳；是人格上的梅兰芳，不是优伶界的梅兰芳；是历史上的梅兰芳，不是现时代的梅兰芳。"时势造英雄，而英雄亦造时势。有了英雄没有时势，所谓英雄无用武之地；有来时势没有英雄，这时势也就糊里糊涂地过去了。故当时势制造的时候，到底人人不能尽是英雄。既称英雄，必有堪当英雄的必要条件。例如豁达大度，礼贤下士等。就是演剧的英雄，也是如此，亦必具相当的必要条件：（一）须有创造的精神与艺术；（二）人格的修养；（三）能适应时势的需要与奋斗的能力。"在作者看来，以上三种条件具备，方才配得上说为时势所造。而梅兰芳就是一个这样可造人才，"能应时势之要求以造成艺术家的身份者，这也是不可不算他一个时世的产儿"。① 真正认识和理解需要深入研究和归纳，而这需要理论界加大研究力度，需要时间做工作。只有真正认识和理解了，才能真正去弘扬梅兰芳艺术精神。否则，所谓弘扬梅兰芳艺术精神，就是一句空话。

从文化空间看，北京与上海最具地理之优，这两地不仅是京剧流行代表南北流派最重要的区域，也是梅兰芳之成为梅兰芳的两大福地。舞台自然是演员表演绽放的最绚烂的空间，北京、上海许多舞台因他的艺术创造而更具艺术价值、历史价值和文化价值。1913 年，梅兰芳在上海丹桂第一舞台首次以《穆柯寨》唱大轴戏，轰动上海，声名鹊起，也从此与上海结下不解之缘，上海观众对梅兰芳的追捧已见上述报纸记载。梅兰芳多次前往演出，并于 1932 年至新中国成立后，滞留久居。上海思南路 87 号（原马斯南路 121 号）是梅兰芳于 1932 年从北京搬到上海后的栖居之所，也是他于新中国成立后回京前的寓所（1938 年至1942 年期间他滞留香港）。2015 年 12 月 2 日，本人借梅兰芳纪念馆在上海壹号美术馆主办"梅兰芳书画及藏品展"之机，前往思南路 87 号考察。梅兰芳旧居为一幢坐北朝南的四层洋房，已经为一家高档酒店所有，不在街道边，在别墅群内，不能看到。本人经向酒店管理人员说明来意，得对方理解和认可。对方带领走到一别墅楼前，门前挂牌书"梅兰芳旧居"几个大字，一幢坐北朝南、四层西班牙式洋房静静地矗

---

① 《现在中国艺术化的梅兰芳》，《申报》1926 年 11 月 25 日增刊五版。

立在那里，该处就是梅兰芳在上海栖居最久之所。本人遗憾未能进入楼内，据介绍，楼内格局已完全变化，按现在酒店要求布置，不复保存过去面貌。驻足良久不忍离去，凉风瑟瑟，梧桐叶遍地，思绪纷繁。位于思南路 87 号的这幢别墅，是梅兰芳与上海紧密关系的见证，也是人们瞻仰和敬奉的空间，它所蕴含和寄托的则是梅兰芳艺术及思想精神，特别是抗战期间梅兰芳闭门谢客、不登舞台所体现出的民族大义和爱国情怀之象征。

北京与梅兰芳之地缘更是难分难解，1894 年 10 月 22 日，梅兰芳出生于前门外李铁拐斜街的梅姓梨园世家。其父早卒，1900 年因家道中落，梅家迁至百顺胡同，与杨小楼为邻，梅兰芳就读私塾。1907 年梅家移居芦草园，梅兰芳正式搭班"喜连成"。1908 年梅兰芳母亲病逝后，梅家迁居鞭子巷头条。两年后，梅兰芳与名武生王毓楼的妹妹王明华结婚。梅兰芳可谓是地道的北京人（梅兰芳自谓祖籍泰州），在其为生计无数次的搬迁中，有两处居所从时间上来看是最长的，从文化价值上看也是最有意义的。一为无量大人胡同五号①，一为护国寺街九号。

无量大人胡同一传说为吴良大人胡同。吴良者，乃朱元璋手下的大将。又有人认为，无量寿庵故址在无量大人胡同。无量大人胡同的宅院为梅兰芳 20 世纪 20 年代所购，由两个四合院连为一体，内中还有一座在当时颇显新式的洋楼。在此居住期间，梅兰芳艺术和影响臻于极盛，接待过诸如印度大诗人泰戈尔、美国好莱坞影帝范朋克、意大利女歌唱家嘉丽·古契、日本著名歌舞伎表演艺术家守田勘弥，以及当时的瑞典王储古斯塔夫六世夫妇、美国总统威尔逊的夫人等。1932 年梅兰芳离开北京，南行赴沪。梅兰芳也是著名的收藏家，缀玉轩藏有大量曲本，在戏曲界被称为缀玉轩藏书，"缀玉轩"即为无量大人胡同居所书斋。某种程度上，"缀玉轩"就是梅兰芳的文化符号。梅兰芳儿媳屠珍在《京城艺术沙龙——无量大人胡同 24 号》一文中写道："无量大人胡同内梅先生的客厅缀玉轩成为人文荟萃的地方，真可说是京城一处'艺术沙龙'。梅先生的文学修养和历史知识，就是在众多友人谈文论艺，

---

① 《档案证实梅兰芳旧宅位于北京原无量大人胡同》，《新京报》2008 年 12 月 26 日。

臧否人物，上下古今，无所不及的氛围中，得到了熏陶和提高。"从历史与文化空间看，无量大人胡同具有极其重要的价值。

无量大人胡同位于米市大街东侧，呈东西走向，1965 年改为红星胡同，红星胡同 11 号即原无量大人胡同 5 号梅宅。由东城区文化委员会编著、2005 年 9 月出版的《东华图志》，记载了梅宅的位置，并证实2005 年时，梅宅已经成为"无存建筑"，完全不存在了。① 昔日胡同被拆迁，代之而起的是通衢大道金宝街。

护国寺街九号原为护国寺街一号，1951 年 7 月，梅兰芳一家从上海迁回北京定居于此，直至 1961 年 8 月梅兰芳去世。梅兰芳人生最后的十年就是在这里度过的。1949 年 10 月 1 日新中国成立，中国历史掀开了崭新的一页。梅兰芳成为杰出戏曲演员的代表，有了人民艺术家的头衔。梅兰芳步入了他人生的最后辉煌，拥有了诸多头衔，例如全国政协常委、中国戏曲研究院院长、中国戏剧家协会副主席、中国文联副主席、中国京剧院院长、中国戏曲学院院长等。进入 50 年代，戏曲备受关注。毛泽东有"百花齐放，推陈出新"的题词，中央政府颁布了《关于戏曲改革工作的指示》，全面进行改戏、改人、改制，文化部成立戏曲改进委员会，梅兰芳成为其中重要的成员。护国寺街九号不仅是他的休息和生活之所，也是他工作、写作之所，今天我们在 1955 年摄制的电影《梅兰芳的舞台艺术》中，依然可以看到，那时护国寺街九号是戏曲界、文化界雅集、交流的重要场所。

1986 年 10 月 27 日，梅兰芳纪念馆在其故居建立，并正式对外开放。开馆仪式由全国人大副委员长习仲勋揭幕，邓小平题写馆名。梅兰芳纪念馆也是迄今保持最为完整的梅兰芳旧居，是一座典型的两进院落四合院，占地 2700 平方米，原为清末庆亲王奕王府的一部分，20 世纪50 年代修缮后，梅兰芳搬入居住。一进门青石砖瓦大影壁前的翠竹中，安放梅兰芳的半身雕像。正院北房正中为客厅，里间为起居室，东西耳房为卧室和书房，书房的书柜里收藏大量珍贵手抄剧本，墙上悬挂张大

---

① 王荟：《档案证实梅兰芳旧宅位于北京原无量大人胡同》，《新京报》2008 年 12 月 26日。

千、齐白石、陈半丁等著名画家的作品，各项陈设均按梅兰芳生前生活原状布置。东西两边厢房原为梅兰芳子女的居室和餐厅，现在东厢房辟为梅兰芳书画及藏品展，西厢房展出梅兰芳戏衣、道具和表演指法图示。外院南厅是纪念馆主要展室，展出大量珍贵照片和实物，还有视频影像播放。近来在南厅院子里增加一展廊，展出梅兰芳访美图谱。

就纪念馆空间来看，2700平方米非常有限，但每一平方米都有历史和文化的印记，正院北房的原状布置，以凝固、静止形式定格历史，是对纪念馆主人的一种尊重，对于参观拜谒者来说，会油然产生仪式感，从而生发敬畏之心与敬仰之情，这种仪式感某种程度要比我们直接予以纪念主人盖棺论定的伟词更为润物无声，更具意义。就纪念馆而言，当然并不能仅仅停留于对故居的定格和"静止化"，而应追寻其背后的历史真实和故事细节，这样与拜谒参观者所形成的互动和交流，应该是最为生动和有效的。

如何解决空间有限和展览展物的丰富，是多年来困扰和制约纪念馆发展和发挥更大效益的瓶颈。在这方面，图片展示不仅是形象的，也是最为节省空间的。南厅以图片形式，扼要地介绍了梅兰芳一生的主要艺术经历和社会活动。纪念馆收藏有梅兰芳亲人捐献给国家的3万余件照片、剧本、纪念品等，如何利用和开发这些资源，是纪念馆面临的课题和挑战。作为文物文献，保护好当然是第一位的，但也不能永远把它压在箱底，那会是对文化的延宕和浪费。在这方面，纪念馆以专题形式向社会公众开放，似乎还远远不够。另外就是以影印出版的方式将其推向社会，包括梅兰芳的照片图片、书画藏品、访美图谱、古籍善本等，其中"梅兰芳艺术大系"是纪念梅兰芳诞辰120周年的以文献性为主的出版项目，让更多的人了解和认识梅兰芳，了解和认识梅兰芳纪念馆的文化资源。"走出去"也是纪念馆囿于空间所限所采取的一个有效方式，变被动为主动，走出纪念馆，走向社会，走向全国，走向世界。在走出去的过程中，社会的需求会改变我们过去闭门造车的思维，对我们的展览内容和思维方式多有启发，从而调整我们的思路，创新我们的思维和展览模式。

以2015年为例，梅兰芳纪念馆先后到北京师范大学、北京密云、新疆霍城、重庆万州、上海、广州及非洲肯尼亚进行主题为"文化名人与民族精神""中华名人展""梅兰芳书画及藏品特展"等展览，受到广泛好评。应肯尼亚国家博物馆、内罗毕大学的邀请，梅兰芳纪念馆于2015年10月25日至29日赴肯尼亚首都内罗毕，执行"中华名人展——梅兰芳"展览任务和博物馆交流活动。该展览为大型图片文献展，旨在宣传梅兰芳为中国文化、中国京剧艺术事业所作的杰出贡献。一同展出的还有来自宋庆龄故居、李大钊故居、北京鲁迅博物馆、郭沫若纪念馆、茅盾故居、老舍纪念馆和徐悲鸿纪念馆等八家单位。出席展览开幕式的肯方人员有肯尼亚国家参议院副议长金比·吉图拉（Kimbe Gitura），肯尼亚国家博物馆馆长米扎兰朵·吉布贾（Mzalendo Kibunjia）等，参加开幕式的中方人士包括内罗毕大学孔子学院院长撒德全等。吉图拉、吉布贾分别发表了热情洋溢的讲话，祝贺本次展览顺利举行，并欢迎纪念馆代表团的来访。梅兰芳纪念馆书记、副馆长刘祯代表八家名人纪念馆在致辞中指出："我们希望此次展览能进一步推助中肯两国的文化交流，增进肯方民众对中国的了解，进而为中肯传统友好关系增光添彩。希望肯尼亚人民通过此次图片展能够认识这8位伟大的中华名人，并从他们的人生轨迹和伟大事迹中感受到百年来中国历史的发展进程，以此增进肯中之间的文化交流，深化两国之间的了解和友谊。"刘祯与吉图拉、吉布贾、撒德全等共同剪彩后，展览正式开幕。代表团与嘉宾和孔子学院师生们一同参观了展览，并就展览内容进行了交流。孔子学院学生们还演唱了中文歌曲《肯尼亚、中国是一家》《同一首歌》等，将活动推向高潮。中国在肯的华人华商、留学生以及肯尼亚各界人士约100人出席了当天的活动。新华社驻肯尼亚记者及肯尼亚相关新闻媒体第一时间对活动进行了报道。本次肯尼亚展出是首次访问非洲国家，将梅兰芳与其他中国20世纪文化名人推介过去，意义重大。

　　梅兰芳是京剧表演大师，对其展示更得需要体现形象性和生动性。梅兰芳主要艺术与活动在20世纪前60年，彼时录音技术、电影技术还是新生事物，使用不易，尤其电影技术也较为罕见。而梅兰芳却是一位极有见识的艺术家和思想家，20年代初即在百代公司录制唱片，到30

年代已与多家公司合作录制唱片，如高亭、长城、百代、蓓开、胜利、大中华等。"兰芳每灌一片，在事前，选剧择词，运腔使调，以至胡琴过门，鼓板点子，靡不缜密考虑"①。所以，梅兰芳唱片质量也非常高。早在1920年，梅兰芳应上海商务印书馆之请，拍摄无声片《天女散花》和《春香闹学》。1924年，应华北电影公司之约，拍摄了《黛玉葬花》等5个无声片片段。又在第一次赴日演出期间，应日本电影公司之邀，拍摄了《虹霓关·对枪》和《廉锦枫·刺蚌》两个片段。1930年他访美演出，应美国派拉蒙公司所约，拍摄有声片《刺虎》。1947年，丰子恺拜访梅兰芳，亦有劝请，"今后多灌留声片，多拍有声有色的电影"②。1948年梅兰芳主演的戏曲电影《生死恨》，是中国电影有史以来第一部彩色影片，于1949年3月在上海首场公映。梅兰芳喜欢拍电影，著有《我的电影生活》。

目前，纪念馆现有的影像展示还比较初级和低端，纵观世界博物馆发展，高科技多媒体趋势已汹涌澎湃，面对这样的潮流，如果我们不能跟上，就会进一步拉大距离，有被淘汰的可能。梅兰芳纪念馆有其资源优势和库存储备，这不仅是作为表演艺术家的梅兰芳本人的影响所确立的，同时也与他留下的大量音频、视频和图片资料密切相关。如果把这些资料借助多媒体高科技加以展示，而不仅仅停留于这些音频视频资料的原生态保留，那么对认识和理解梅兰芳就会有新的升华。而且，参观的主动性和趣味性都会加强，这也应该是纪念馆加大工作力度、投资力度和创新力度的主攻方向。

纪念馆的质量和厚度，还在于它是否有研究成果。面对3万多件文物、文献和藏品，完整地予以保护自然是第一要务，但这不是纪念馆的所有和最终目的。这些文物文献不是为藏而来，而应作为一种媒介，建立起与观众的互动、交流和对话，以便人们深入了解梅兰芳、梅兰芳艺术和精神。这就不仅需要我们是一位保管员，还应该是知情者、研究者。对于纪念馆，固然不能缺少门卫、售票员、保管员，也需要讲解

---

① 禅翁：《梅兰芳灌片一笔细账》，《半月戏剧》1938年第5期。
② 丰子恺：《访梅兰芳》，《申报·自由谈》，1947年6月6日至9日。

员，但纪念馆质量如何，其实更取决于是否有研究者、专家，这样一支队伍的建立，事关纪念馆的质量和水平，也事关对馆主思想精神弘扬的程度。这种研究，当然包含着对纪念馆历史、陈列以及藏品文物的认识、解读，也包括对馆主生平、思想和艺术的研究。

就梅兰芳纪念馆而言，它也应该是世界梅兰芳信息研究中心。进入21 世纪，梅兰芳纪念馆发展应该明确这样一个方向。近年来随着隶属关系的调整，管理和人事划归中国艺术研究院后，我们依托中国艺术研究院深厚的学术资源和丰富资料，建立课题合作机制，并且加强了与社会其他学术资源的合作。

在走向文化自信、重视传统文化的 21 世纪，"梅（兰芳）学"热和升级也是必然，作为梅兰芳纪念馆，应该有所担当、有所作为。护国寺九号，不仅是那片雅致幽静的四合院落，也不仅有一俟秋天即果实累累、梅兰芳亲手所植、寓意"事事平安"的柿子树与海棠树，更有对梅兰芳艺术和思想的互动、对话、阐释和弘扬，从而营造出一个更有魅力、更加多维、更具思想与文化的精神空间！

作者系梅兰芳纪念馆书记、副馆长

如何"阅读"作家旧居

——以鲁迅为例

钱振文

一 为什么要参观作家故居

有人可能要说，看故居有什么用处呢？我把《鲁迅全集》都看了不就可以了？多看作品固然重要，但不全面。我们知道，文学研究包括作家研究、作品研究、读者研究三个方面，在不同的历史阶段，这三个方面的研究各有侧重，但其实都很重要。只看作品，最多是进行作品研究，但其实即使作品研究，也需要了解作家本人，而要了解作家，就需要到他生活过的地方去实地观察。

实地参观之后再看作品，和只看作品有什么区别呢？

我们城市人吃在商场购买的水果和果农们吃自己种植的水果有很大区别。比如我们吃红枣，都喜欢吃个大肉多的特级枣，不愿意吃个小肉少的普通枣。但其实，了解大枣生长过程的人都知道，即使是那些看起来不太饱满的普通枣，也是经过多轮淘汰后剩下的好枣。老农们不会像城市人一样只吃个大光鲜的好枣，他们知道每一颗枣其实都不容易，都能吃。文学作品也是一样，我们在课本中学到的都是经过专家挑选的适合阅读的精品，就像那些特级好枣。到作家生产的现场去感受一下，就会知道，作家的每篇作品其实都是很不容易才写出来的。由于每篇作品具体的写作环境和当时的心情、压力、目的不一样，比较起来，就会有的作品好一点，有的作品差一点；有的时期写得多一些，有的时期写得少一点。我们专业的学生不能挑挑拣拣，只看那些好一些的作品，只看选集里的东西。

当然，即使没有去过作家故居，我们对作家的生活也都有一定的了解。《鲁迅全集》每一卷的前边，都有几个页码的图片，这些图片包括鲁迅的相片、鲁迅的手稿和鲁迅住过的地方。当年我对鲁迅这个人的了解，就是从这些并不太多的照片开始的。仔细看过这些照片，再看里边的文章，就和只看文字不一样，你就会在脑子里有一个形象的认识：作者的长相是什么样子的？作者创作的地方和环境是什么样子的？

但光看照片其实是很不够的，因为照片是对现实的复制，现实场景所具有的光韵，在照片中消失了。按照本雅明的说法，一件作品，不管是历史作品还是自然作品，它的"光韵"（Aura）是即时即地（Hereness and Nowness）的产物，是在某个时间、某个地点、独一无二的活生生的显现。用平常人的话说，就是现场感。本雅明的意思是说，与传统艺术形式相比，电影的艺术"光韵"衰竭了。为什么？因为电影演员的演出不像戏剧，"在舞台上，演员的演出每次都是新鲜的，而且每次都具有原始意义"①。电影演员的表演面对的不是观众，而是面对机械——摄影机和专家——导演、制片人等，电影观众看到的不是原始的表演，而是由机械复制的产物。这样，在演员表演和观众观看两者之间就有一层胶片作为阻隔，演出和观看两者之间活生生的气息的交流就被阻断了。即使不是人的表演，而是某一处自然风光，道理也是一样，当我们身处某个地方时，我们看到的不是一幅静止不动的风景，而是光影、色彩每时每刻都在变动的风景。更重要的是，我们作为观赏者，与这个风景之间是透明的、直接的，没有什么媒介来阻隔，风景的信息或者说"光韵"（如光影的变化、云雾的气息）能够直接投射到我们身上。不管是摄影还是电影，都使得我们能够容易地得到（或者说靠近）一件自然物或者艺术作品，但是，这种"接近"实际上是通过一个对象的酷似物、摹本或复制品来实现的，"显然，由画报和新闻影片展现

---

① ［德］瓦尔特·本雅明：《机械复制时代的艺术作品》，中国城市出版社 2001 年版，第 37 页。

的复制品就与肉眼所亲自目睹的形象不尽相同"①。因为这种摄影镜头的显现,实际上是切断了显现内容与它置身其中的环境的关联,即本雅明所说的"把一件东西从它的外壳中撬出来"。这时候,"物"变成了物的"形象"。

懂得了这个道理,我们就会明白,看长城的照片和爬长城是不一样的,爬到长城上,你会体验到北方特有的迎面而来的强风;看黄果树瀑布的照片和在瀑布下边看瀑布是不一样的,在黄果树瀑布下面,不光看到瀑布,还能感受水珠飘洒到脸上的感觉;同样的道理,看鲁迅故居的照片和参观鲁迅故居也是不一样的。

二　回忆录的重要性

当然,故居毕竟是故居,虽然是作家们写作的现场,但当年居住在这里的主人已经不在了,所谓"曲终人散",剩下的只是主角曾经表演的舞台,也即作家写作活动的背景。和照片相比,这些现场当然有照片所没有的"光韵",这种"光韵"是参观者参观的那个时刻,在参观现场所接受到的"独一无二的显现",而不是当年的主人在这里活动的时候所产生的特有的韵味。例如北京西三条21号的鲁迅旧居,虽然这里的所有陈设和当年并没有两样,但鲁迅1926年8月离开这里到现在几乎90年了,即使在丁香开花的季节,院子里依然飘荡着和当年一样的香气,但在鲁迅书房"老虎尾巴"里,浓重的烟味和袅袅飘散的烟篆却是一点也没有了。

今天的我们如果想更好地回到过去,更好地了解作家们在这里生活时的音容笑貌,更好地了解作家故居里每件陈设的功能作用,和主人公与这些陈设器具交往时的手势动作,就要阅读当时与作家有来往的人们的回忆录。在参观之前和参观之后,反复阅读那些生动形象的描述,尤其是那些在拜访发生之后不久写作的回忆文章,故居房间里那些琳琅满

---

① [德]瓦尔特·本雅明:《机械复制时代的艺术作品》,中国城市出版社2001年版,第10页。

目但莫名其妙的老物件，就会一点点生动起来。最好的例子，是萧红的长篇回忆录《回忆鲁迅先生》，回忆录是鲁迅去世后不久的 1939 年写的，是所有鲁迅回忆录中最细腻生动的一篇。如对鲁迅写字台的描写：

> 鲁迅先生的写字台面向着窗子，上海弄堂房子的窗子差不多满一面墙那么大，鲁迅先生把它关起来，因为鲁迅先生工作起来有一个习惯，怕吹风，他说，风一吹，纸就动，时时防备着纸跑，文章就写不好。所以屋子里热得和蒸笼似的，请鲁迅先生到楼下去，他又不肯，鲁迅先生的习惯是不换地方。有时太阳照进来，许先生劝他把书桌移开一点都不肯。只有满身流汗。①

看了这篇文章，再去上海参观鲁迅旧居，你看到的就不只是一个死气沉沉的书桌，萧红的回忆录帮助你穿越时光隧道，似乎感觉到 20 世纪 30 年代的空气和阳光。

回忆文章看多了，慢慢地我们会发现，当人们回顾过往的时候，往往在他们脑海中清晰闪现的是一些地点、空间和空间里的物件，而不是具体的时间、事件。在知觉现象学中，这种现象被称为"从时间知觉向空间知觉的自发转换"。按照视知觉理论的一种假说，视觉是人最为精确的一种感觉形态，阿恩海姆说："在什么意义上空间比时间更为精确呢？或许说明空间性之生物学上优越性最为令人信服的理由是，通常说来，物件是活动的载体，因此在知觉上物件先于它们的活动，物件是处身于空间中的，时间则适用于活动。"② 能够说明这个"从时间知觉向空间知觉的自发转换"的例子，是郁达夫关于第一次和鲁迅见面的回忆，他说：

> 和鲁迅第一次的见面，不知是在哪一年哪一月哪一日……但地方却记得是在北平西城的砖塔胡同一间坐南朝北的小四合房子里。

---

① 萧红：《回忆鲁迅先生》，鲁迅博物馆编《鲁迅回忆录》，北京出版社 1999 年版，第 722 页。

② ［美］鲁·阿恩海姆：《艺术心理学新论》，商务印书馆 2001 年版，第 103 页。

……

　　去看鲁迅，也不知是为了什么事情。他住的那一间房子，我却记得很清楚，是在那两座砖塔的东北面，正当胡同正中的地方。一个三四丈宽的小院子，院子里长着三四棵枣树。大门朝北，而住屋——三间上房——却朝正南，是杭州人所说的倒骑龙式的房子。①

　　关于鲁迅的回忆录是很多的，北京鲁迅博物馆曾把散在各处的回忆录文章集合起来，编成了 6 大本的《鲁迅回忆录》。1924 年到 1926 年间住在北京西三条时期，拜访过鲁迅的许多人，对鲁迅家印象最深的是他们谈话的场所——"老虎尾巴"以及里面的陈设布置，这个小小空间几乎是所有人回忆的重要对象。随便举两个例子。章衣萍的妻子吴曙天在《访鲁迅先生——断片的回忆》中说：

　　我们都走进鲁迅先生的卧房了。
　　……
　　这是一间并不宽大的卧房。房门的右边，摆了一个书架，然而书架上的书籍并不多。接着是一个桌子，这就是《呐喊》的作者的著书桌吧。桌的旁边接着摆了一只箱子，箱子上也杂乱地堆了些书籍。卧床是靠着房的后墙的，这是很简单的床罢，因为是用两只板凳和木板搭成的。
　　……
　　我和 S 哥坐在房的左边的椅子上，孙老头坐在床上。②

　　又如李霁野在《忆鲁迅先生》中说：

　　我们所进的那一间屋真可以说是"斗室"。后墙上全是玻璃

---

　　① 郁达夫：《回忆鲁迅》，北京鲁迅博物馆编《鲁迅回忆录》，北京出版社 1999 年版，第 149 页。
　　② 曙天女士：《访鲁迅先生——断片的回忆》，北京鲁迅博物馆编《鲁迅回忆录》，北京出版社 1999 年版，第 87 页。

窗，外面是一个小小的院落，有几棵稀疏的小树；窗下是一张木板床，虽然不宽，却几乎占去了屋子的四分之一的地方，我就被让坐在这张床上。右手是一张茶几，两张木椅；左手便是鲁迅著作的书桌，先生就转过桌前的椅子，在书桌跟前坐下来。①

虽然对当时的谈话背景有清晰的印象，但大多数人对当时谈话的具体内容却难有具体细致的记忆。吴曙天对那天谈话的内容说："大家乱七八糟地谈了半天。我只深刻地记得鲁迅先生的话很多令人发笑的。然而鲁迅先生并不笑。可惜我不能将鲁迅先生的笑话写了出来。爱听笑话的人，最好亲自到鲁迅先生那里去听。"李霁野这次在鲁迅家的谈话时间是很长的，但他说："所谈的话现在一点也记不起来了，我觉得是非常可惜的事。"鲁迅的卧房也是他的书房，其实也是客厅，大多数较为熟悉的客人就都是在这里招待的，只有陌生的客人才会让进南房即所谓的客房。吴曙天和李霁野虽然都是第一次拜访鲁迅，但领他们去的其他人却都是鲁迅家的熟客。第一次登门拜访鲁迅这位早已驰名文坛的大人物，对于年轻的吴曙天和李霁野来说，肯定是一件难得也难忘的大事。但是再重大的会见，时过境迁之后，也很难回忆起当时在时间绵延中经过的一点一滴，虽然很多人希望回想起同鲁迅谈话的细节。最终保留在记忆中的，却是像色彩斑斓的化石一样的空间和空间中的物件。

回忆录的好处是在这些空间中加进了人物，人物活动的方位和动作。从上面的两篇回忆文章，我们能够知道在几个客人来访时，藤椅、木椅、床板分别扮演的角色：藤椅的朝向转过来，就是鲁迅和客人对谈时的座位，如果来访的客人超过两位，茶几边上的两把木椅安置相对重要的客人，其他客人就只能委屈在床板上。看过这样的回忆录后，再到鲁迅旧居去参观，看到鲁迅的书桌、藤椅和那个"很简单的床"的时候，你会觉得像是见到一个熟悉的陌生人。你把存在脑子里那些形象和眼前的实物一一对证，通过现场的布置安排来证明回忆的确实性，把一

---

① 李霁野：《忆鲁迅先生》，鲁迅博物馆编《鲁迅回忆录》，北京出版社1999年版，第103页。

个时间性的叙述转换为眼前的一目了然的空间。这时候，你好像参与进那个发生在几十年前的会见，成为那些访问鲁迅的人们中的一员，你会琢磨你该坐在屋子里的哪个位置，甚至似乎嗅到了从鲁迅手上飘出来的哈德门香烟味。

三　不能忽略故居外的小胡同

苏联作家康斯坦丁·帕乌斯托夫斯基在他的传世名著《金蔷薇》中，描述了他寻访诗人勃洛克的故居的经过。他说：

> 我自己也不理解，为什么从很久以前起，我就念念不忘地想在列宁格勒找到勃洛克的房子，那幢他在其中生活过和逝世的房子，而且一定得自己去找，不要任何人帮助，不问路，不查看列宁格勒的地图。于是我虽只模模糊糊地晓得普里亚日卡河的大约位置（勃洛克生前住在这条河的沿岸街，就是现在十二月党人大街的拐角上），就徒步朝那条河走去，而且没有向任何一个人问过路。为什么要这么做，我自己也不怎么明白。我相信，我能凭直觉找到路，相信我对勃洛克的眷恋，能像引路人那样，挽着我的手把我领到他家门口。
>
> 头一回，我未能走到普里亚日卡河。因为河水泛涨，桥都封闭了。
>
> ……
>
> 第二回，我才走到了普里亚日卡河边那幢房子跟前。这回我不是一个人去的。我的十九岁的女儿与我同行。少女仅仅由于我们要去探访勃洛克的故居而又悲又喜。[1]

鲁迅故居比勃洛克故居要好找得多，随便打开一幅北京旅游地图，

---

① ［苏联］康斯坦丁·帕乌斯托夫斯基：《金蔷薇》，上海译文出版社 2007 年版，第214页。

都能轻松地找到鲁迅博物馆。但我不知道有没有人像康斯坦丁·帕乌斯托夫斯基那样，不问路、也不查看地图就找到鲁迅博物馆的。

鲁迅位于北京胡同深处的宫门口西三条的家，其实并不好找。现在正对博物馆大门的那条阜成门北街，是 1956 年博物馆建成的时候新开辟的。在此之前，去鲁迅故居就只能先找到白塔寺的白塔，然后从白塔寺西边的夹道进去，从头条胡同数到三条胡同，然后拐进三条胡同，向西一直走到西头倒数第二家。鲁迅在这里住的时候，人们大都是这么走的。1932 年鲁迅回北京省亲，北京师范大学的学生潘炳皋、王志之、张松如等得到消息后，希望能邀请鲁迅到学校讲演。后来，潘炳皋和王志之都曾经详细回忆了那次寻找鲁迅家门的曲折经过。潘炳皋在《鲁迅先生访问记》中说：

> 从《华盖集》上知道他是住在西城的一个角落里，但是不知道确切的住址……逢人就问，走进了好几个小胡同这才到了西三条，在黄昏中寻到了十四号，扣了半天门，开门的人又说没有周先生住在里面，又在疑似和测探中扣了几家的门，也都不是，我们已经感到疲乏和失望了。走出胡同来，凭着洋车夫的指导，才在西口路北第二个门扣着了。①

当然，鲁迅住在西三条的时候，虽然地方偏僻，但来访问他的人，大多是他的同乡或学生，这些人或有明确的地址，或有知道地址的人带路，不大存在找不到地方的问题。对鲁迅家大门外边胡同的感知，大多是在拜访成功之后。许多人在回忆文章中，描述了从鲁迅家出来之后，漫步在长长的胡同中，细细回味刚刚经历的幸福的奇特感觉。如和潘炳皋一起在 1932 年拜访鲁迅的王志之，描写他们从鲁迅家出来后的感觉：

---

① 病高（潘炳皋）：《鲁迅先生访问记》，北京鲁迅博物馆编《鲁迅回忆录》，北京出版社 1999 年版，第 689 页。

我们走了出来，大家都找不到适当的言辞来表达出自己的欢欣。从宫门口西三条那条小胡同一直绕到了大街上，我们没有说一句话。人，大概是无论什么情绪高涨到了顶点，每每会被卷入在丧失知觉似的沉默中。……要想说明那时的心情，这是一个最不能令人满意的难题！假如一定要勉强表白出来，我觉得只有用年青人在初恋时同爱人除度密会以后的心情才可能作部分的比较。①

李霁野在《忆鲁迅先生》中，记录了自己拜访鲁迅后走在胡同中的感觉：

深夜走出先生的住处时，那偏僻的小巷里早就没有人声人影了，他总望我们走远了才进去。北京的冬夜有时是极可爱的，在那寂静的街道上步行着，先生的声音和容貌还萦绕在脑际，这印象永远也不会磨灭。②

当时还是北大学生的尚钺，在《怀念鲁迅先生》中回忆道，有一次他知道鲁迅先生病了，就跑到西三条去看鲁迅先生，在看望结束后：

我又和他说了几句话，便走了出来。……这刹那我心最平静，平静得如无风的春水一般，除了凝静的笑颜以外，再没有其它的感觉了。我的脚步走得很慢，仿佛怕自己的脚步声音扰乱了自我的回味似的。③

王志之他们三个北师大的学生那天邀请鲁迅讲演成功，所以非常高兴，"我们精神十足，兴高采烈地大踏步地走着，一直走回了学校"。

---

① 王志之：《鲁迅印象记》，北京鲁迅博物馆编《鲁迅回忆录》，北京出版社1999年版，第21页。

② 李霁野：《忆鲁迅先生》，北京鲁迅博物馆编《鲁迅回忆录》，北京出版社1999年版，第105页。

③ 尚钺：《怀念鲁迅先生》，北京鲁迅博物馆编《鲁迅回忆录》，北京出版社1999年版，第140页。

其实，那时候来西三条拜访鲁迅的大多是北大、北师大、世界语专门学校的穷学生，他们来去各个地方，一般来说都是安步当车。许钦文回忆当年在北京的生活说："曾经有一段时间，孙伏园住在丞相胡同，我住在南半截胡同，相距不远。晚上到内城去听学术讲演，或者在朋友处，常同孙伏园不期而遇，然后，总是一道步行而归，到了菜市口说声'再见'分开，不久就各到寓所。北京，日间往往风沙扑面，晚上却大多风平浪静。夏间深夜凉爽。冬季步行是一种运动，晚上无风，也不会怎样感觉到冷。在清静的马路上边走边谈，是孙伏园和我都喜欢的。"① 许钦文是经常来往于西三条和绍兴会馆的绍兴老乡，尤其是在鲁迅出版《彷徨》前夕，他经常帮助鲁迅在离绍兴会馆不远的虎坊桥京华印书局，办理校对和印刷事务，有时甚至一天跑两趟印书局，都是走着来回西三条的。

现在北京的交通比 90 年前方便多了，西三条所在的阜成门又是交通枢纽，无论是坐地铁还是乘公交，都能很方便地到达。我们不能要求大家放着宽阔的阜成门北街不走，而绕路走白塔寺西边的小胡同。但是，希望人们在参观完鲁迅博物馆后，不要着急忙慌地顺着原路走回去，而是从博物馆大门口左拐，沿着过去鲁迅和去鲁迅家拜访过的那些人走过无数遍的西三条胡同慢慢溜达，静静回味。这些胡同是扩大范围的鲁迅遗迹，从这些胡同延伸出去，连接着鲁迅办公事的北洋政府教育部和他兼职教书的北京大学等好几个学校。那些事情虽然只不过是像他对郁达夫所说的"同唱戏一样，每天总得到处去扮一扮。上讲台的时候，就得扮教授，到教育部去，也非得扮官不可"②，但其实也是鲁迅认真生活的一部分。虽然夜晚的鲁迅可能更真实，但白天的鲁迅也需要出去觅食。白天和夜晚无法分割，这些小胡同勾连起了鲁迅的白天和夜晚，也勾连起了鲁迅的神圣空间和世俗世界。

---

① 许钦文：《〈鲁迅日记〉中的我》，《在老虎尾巴的鲁迅先生——许钦文忆鲁迅全编》，上海文化出版社 2007 年版，第 134 页。
② 郁达夫：《回忆鲁迅》，北京鲁迅博物馆编《鲁迅回忆录》，北京出版社 1999 年版，第 151 页。

四　考古学的意识和方法

英国地理学家约翰斯顿说："景观是这样一种文本，它是正在曾经生活在这里的人的创造物。"这句话需要在"正在"和"曾经"之间加上一个"和"字才好理解，就是说，地理景观是曾经生活在这里的人和后来生活在这里的人一起创造的。

但是，对于像鲁迅这样的大作家来说，他们对环境的创造并不限于他们居住时候的有限时光。鲁迅在北京的四处宅子，严格地说，只有西三条21号是他"创造"的。绍兴会馆和砖塔胡同61号都只是借住和租住，八道湾11号是用卖掉绍兴老屋的钱、周氏兄弟一起购买的，只有西三条是鲁迅一己之力购买并建造的，连房屋布局和结构都是鲁迅自己亲自设计的。但是，绍兴会馆、八道湾11号和砖塔胡同61号能有现在的保存状态，在过去几十年大规模经济建设的浪潮中保留下来，不能不说是因为鲁迅。绍兴会馆和砖塔胡同61号虽然都是杂乱无章的大杂院，但都因为鲁迅的影响，躲过了不止一次的拆迁浪潮。八道湾胡同地区拆迁改造成北京三十五中，虽然弯弯曲曲的八道湾胡同没有了，但鲁迅兄弟曾经居住的大宅院，却完整地保留在了三十五中院内，成为院中院。得到保护的不只是鲁迅住过的宅院，甚至因为鲁迅，鲁迅旧居周边的传统民居也得以保留。因为鲁迅，在经济发达、寸土寸金的西城区，保留下来四个珍贵的胡同区。的确，鲁迅在90年前就离开了北京，在80年前就离开了这个世界。但是，几十年来，他一直在影响着北京的城市地理。从这个意义上说，"曾经生活在这里的人"鲁迅不只是在他生活在北京的时候创造了这些地方，而是在他离开以后的几十年，一直在创造着这些地方。

虽然说鲁迅对北京的城市改造产生了巨大的影响，但鲁迅故居的保护毕竟是后来的人们实施的，符合的是后来人们的现实政治需要。他曾经留下遗言，"不要做任何关于纪念的事情"和"忘记我，管自己生活"，新中国成立后，全国各地鲁迅纪念馆的建立和大规模纪念活动的开展，倒并不一定符合他自己的意思。

建立鲁迅博物馆的想法，早在解放前就开始酝酿了。1945 年 10 月
19 日《新华日报》发表郭沫若的《我建议》，开头就说："我建议，应
该设立鲁迅博物馆。凡是关于鲁迅的资料，他的生活历史，日常生活状
态，读的书，著的书，原稿，译稿，笔记，日记，书简，照片，等等，
还有关于他的研究，无论本国的或外国的，都专门搜集起来，分门别类
的陈列，让研究鲁迅者，让景仰鲁迅者的人民大众得以瞻仰。"在郭沫
若的这个建议中，还有把杭州的西湖改名"鲁迅湖"，北京的西山称为
"鲁迅山"。

　　1954 年，文化部决定在鲁迅故居东侧筹建鲁迅纪念馆，并计划在
1956 年鲁迅逝世 20 周年时落成开放。1955 年 9 月 22 日，文化部召开
鲁迅纪念馆筹建座谈会。座谈会上，"大家一致认为应该在北京建立一
个内容全面而系统的鲁迅纪念馆。纪念馆内容，必须要把鲁迅先生在每
一个历史时期的活动和作用，与当时的历史背景联系起来，并表现出鲁
迅的革命斗争精神，不要孤立地表现鲁迅先生个人，而是要体现这一伟
大人物的成长，决定于历史发展的条件，鲁迅先生的伟大是由于他善于
正确了解这些条件，并把自己的活动和社会进步力量联系在一起，适应
了社会发展的需要。因此，在五四运动以后，应该特别注意表现党在各
个时期对鲁迅先生的影响，从而体现鲁迅是如何逐渐成为一个共产主义
战士。"

　　由此可以看出，建立鲁迅纪念馆的主要功能是通过展厅陈列，按照
新中国成立后意识形态的需要阐释和规范鲁迅的一生。1960 年 10 月 19
日，完成了一次陈列提纲的修改。"这次修改要求突出'革命家'这一
'贯穿鲁迅一生的红线'，因而在原有陈列中删掉了大量表现鲁迅生活内
容的材料，删掉了'政治色彩'不很鲜明的古籍收藏、儿童教育、民间
艺术、文字改革等专题。凡'不合时宜'的人物及材料亦从陈列中删减，
同时大量充实了直接表现思想文化斗争的内容并以突出的方式加以表
现。"①

　　鲁迅旧居本来是这片胡同社区的一部分，1956 年博物馆建立后，

---

① 孙瑛、叶淑穗：《鲁迅博物馆历事》，《鲁迅研究动态》1986 年第 9 期。

鲁迅旧居失去了与它置身其中的环境的关联，成了博物馆的一部分，即本雅明所说的"把一件东西从它的外壳中撬出来"。现在，博物馆是它的新外壳，与周边的胡同民居相比较，博物馆像是大海中的一个孤岛。来博物馆参观的人首先看到的不是鲁迅旧居，而是博物馆的大院。旧居成了镶嵌在镜框中的标本。这正像洛温塔尔所说："每一次识别行为都改变着过去的遗留。且不说美化或仿制，仅仅是欣赏或保护一件遗物，都影响着它的形式或我们的印象。"①

作者系北京鲁迅博物馆（北京新文化运动纪念馆）
社教部主任、研究员

---

① 转引自［英］R. J. 约翰斯顿《地理学与地理学家》，商务印书馆 1999 年版，第 246 页。

填充与反哺：现代文学研究与名人博物馆关系初论

——以郭沫若研究为例

张 勇

2015 年 8 月 4 日《中国社会科学报》第八版的争鸣栏目，刊登了童庆炳先生《两种声音 一个结论——兼谈历史真实与艺术真实的区别》一文。这篇文章从郭沫若纪念馆内所展出的有关《蔡文姬》展品的说明条 "为曹操翻案" 一句入手，展开了详尽的论述，最后得出了《蔡文姬》剧本的主题 "是表达千千万万进步知识分子的爱国情怀"①的结论。姑且不论童庆炳先生最后的结论如何，单就他的研究方法就值得我们深思。童庆炳先生其实向我们揭示出了目前文学研究领域中一个非常重要而又未被重视的视角和方法，也就是文学研究与名人博物馆之间关系问题的探讨。

1915 年新文化运动开展以来，中国现代文学真正拉开了序幕，白话文的创作如雨后春笋般发展起来，一大批中国现代历史上文学名著便应运而生，《狂人日记》《女神》《尝试集》《骆驼祥子》等不胜枚举。与之相对应的便是这些名著的创作者们——我们耳熟能详的文学艺术大师，如鲁迅、郭沫若、茅盾、老舍等，他们用不同的文学体裁的创作，带领阅读者进入到了一片广袤无垠的艺术世界。随着社会和国家对于文

---

① 童庆炳：《两种声音 一个结论——兼谈历史真实与艺术真实的区别》，《中国社会科学报》2015 年 8 月 4 日，第八版。

化建设和发展的重视，以这些名人居住过、活动过的地方为基础，建成了各类名人故居博物馆。这些文化名人类故居博物馆尽管规模大小不一，但是都引起了社会各界人士的普遍关注。特别是这些文化名人故居博物馆里有大量的名人创作手札、藏书以及书稿等珍贵文物，这些文物本应该成为学术研究的重要组成部分，但是现实情况却是，有关现代文学的研究和博物馆的发展建设分属于两个不同的轨道，几乎很少有交叉和融合。

一　现代文学研究与名人故居纪念馆分离原因的探析

造成现代文学研究和名人博物馆之间隔离的原因是多方面的，归纳起来主要有以下几个方面的原因。

（一）现代文学研究传统的诱因

长期以来，文学研究者主要分布在高等院校和科研院所，普通民众能够进行文学鉴赏者少之又少，能够从事所谓研究者更是凤毛麟角，因此，文学研究被深深地打上了学院派的烙印。特别是新文化运动以后，随着西方新的研究方法的引进和高等教育体制的改革，这种学院派的印记愈发明显。不可否认，遵循学院派研究的路径和研究方法，这在很大程度上提升了中国现代文学研究的水平，保持了与世界先进水平的同步性。但是在另一方面也产生了一些问题，主要是学院派的研究成果的现实转换率不高，很多研究成果未能直接给广大民众以现实指导，特别是一些高级别的现代文学研究课题，一般最终都是以结题报告或专著出版等作为结题的最终成果，成果现实应用的考察则几乎被忽略掉了。

这就造成了一个最突出的问题，那就是研究成果和现实应用的脱节。仅以郭沫若的研究为例，恐怕现在绝大多数人都认为郭沫若的《女神》是典型的浪漫主义创作，郭沫若也是现代文学中浪漫主义的先声，"郭沫若立足于'五四'时代现实，面向世界潮流，在《女神》的诗歌中，灌注着冲决封建藩篱、改造社会的强烈要求和追求美好理想的无比热力"① 的论述比较普遍，现代文学史教材中，也基本上是把这种结论教授给学生。但是，最新的研究却在不断地证实着，郭沫若的《女神》不仅仅是一部浪漫主义的代表作，它还有更深层的意蕴。通过研究我们发现，郭沫若的"《女神》只是郭沫若当时诗歌创作的一个选本，是诗人自己辑录的一个选本，即使诗人以为这五十余首诗可以代表自己那时的创作，但对于文学史的阅读和研究来说，无论如何它们是不可能涵括郭沫若早期诗歌创作的全部内容的"②。另外，"《女神》却是在另外一个文化环境里诞生的，与国内新文学发生的环境并没有直接的联系。《女神》是一个留学日本的中国青年在九州地区读书期间创作出来的一个诗歌作品集。'中国青年'、'留学生活'、'日本九州'，这样几组关键词中所包含的文化内涵，才是《女神》创作的真实背景，但它们很少，或几乎没有被注意到。"③《女神》其实"是郭沫若从自己留学经历的一段时间内所写作的全部自由体新诗中选录辑成，在这一段时间内他写成的诗作远不止《女神》中那 56 首"④。通过以上的这些研究所得出的结论，肯定会纠正以往我们对这部作品的原初印记，也为普通读者进一步科学正确认识《女神》提供了新的视角。这本应该是一件正常的事情，但是目前的现状却是，文学研究最新的成果仅仅停留在研究者研究的结论层面上，而很少能够直接影响到普通读者对此问题的认知。

（二）博物馆旧有的建设理念使然

现代文学研究与博物馆建设两者之间目前现状的出现，除了现代文学研究本有历史传统外，其实也与博物馆旧有的建设和存在的理念有很大的关系。随着我国社会文化不断的发展，博物馆的建设越来越受到民众的关注。"博物馆作为对话远古与现代的纽带、联系现代与未来的桥梁，自诞生之日起就以社会发展的需要为导向，结合人类的社会实践经

① 黄曼君、朱寿桐编：《中国现代文学史》，武汉大学出版社 2012 年版，第 117 页。
② 蔡震：《郭沫若著译作品版本研究》，东方出版社 2015 年版，第 65 页。
③ 同上书，第 66 页。
④ 同上书，第 66—67 页。

验，积极开展着收集和保护藏品、陈列布展以及科学研究等工作，进而在保存自然与人类社会的记忆、传承文化、教育公众、启迪智慧、陶冶情操、休闲娱乐以及作为国家或城市的文化象征等方面作出了重大的贡献，业已成为人类社会文化生活中不可或缺的重要组成元素。"① 博物馆已经成为了文化产业发展的重要组成部分，更为重要的是，博物馆已经是公众文化教育的重要的承担者。

随着各类专业博物馆的发展，近些年来，以历史文化名人为主体的名人故居博物馆也如雨后春笋般的成立起来，这些名人故居博物馆有着自己先天的特征和优势，它们既具备一般博物馆以展览为主的特征，也具有自身名人生活场所的特性，因他们所展示的主体大多为广大民众所熟知的人物，所以，这类博物馆更加具有亲和力和吸引力。以郭沫若纪念馆为例，每年到馆里参观的人数不少于 5 万人，另外，每年还有主题展和外展，参观这些主题展览的人数更是超过了 10 万人。另外，像一些免费开发的博物馆参观的人数更是居高不下，如北京茅盾故居就是免费向观众开放的，它每年接待参观的人数近 10 万人。这些参观的观众中从年龄上来讲，大到耄耋老者，小到 10 岁左右的小学生；从学历层次上来讲，既有高级专业研究的学者，也有普通知识的市民群众。因此，博物馆既是社会公共教育的重要场所，也是普及社会科学知识、传播传统文化的有效阵地。目前为了更好地加强对公众的教育，各个博物馆纷纷改善展陈设施，增加先进的展览手段和技术手段。不可否认，经过上述方式的提升后，观众参观的外在环境有了极大的改观，但是我认为，仅仅只有这些是不够的，更主要的是如何更新展览的内容，特别是对于展品的说明，如何能够把最新对该问题认识的成果引进到展览中来，这是目前博物馆展览方面应该首先考虑的问题。

文物是博物馆特有藏品的总称，因此，文物的保护和展示是博物馆最重要的任务之一。文化名人故居因其基本都属于是各级的文物保护单位，因此，馆藏的物品自然而然地便被视作了文物加以珍藏，而这些文物又与古建类型的博物馆有着很明显的区别。文化名人故居博物馆的文

---

① 姜涛、俄军编著：《博物馆学概论》，兰州大学出版社 2014 年版，第 20 页。

物，大多是这些文化名人生前创作作品的底稿、手稿、版本书，以及他们所使用过的物品等。多年以来，资料保护者基本都是采用"藏而不见"的方法，他们认为保护就是要束之高阁，就是要秘不示人。实际上，这是一种极其被动的保护方法，它既造成了对这些文物资料难以有效利用，也造成了博物馆与其他领域的隔阂。在这种理念之下，相关的研究者们也只好望而却步，合作更是一件可望而不可即的事。

由于这几个原因，现代文学研究和相关的文化名人故居博物馆本应该有的联系、沟通与合作，便无从谈起了。

二　两者关系的重新定位

虽然现代文学研究和名人故居博物馆分属于两个不同的门类，但是，现代文学研究的对象和现代名人故居博物馆所展示的对象是一致的，从这个意义上来看，它们之间的发展本不应该是两条平行发展的直线，而应该是互相促进、你中有我、我中有你的，具体来讲，我觉得应该是一种填充和反哺的关系。

所谓的"填充"，主要是指名人博物馆为文学研究提供可靠的原始资料。近年来，文学研究越来越重视史料的发掘和运用，特别是距离今天较近的现代文学研究，更是由于研究方法、研究氛围等客观原因，长期以来形成了重宏观、轻资料，重阐释、轻实证的研究方法。但是随着时间的推移，史料的重要性越发突出，这才出现了现代文学研究中特有的"补课"现象。郭沫若研究便是最明显的事例。20 世纪 80 年代至 21 世纪初，有关郭沫若的研究几乎都是理论探讨类型的，很少有史料分析的。这种研究所带来的问题是非常明显的，特别是一些结论，明显的是建立在史实不清、史料错误的基础之上。随着研究不断深入，研究者们的史料意识不断增强，回到文学发生的现场，回到作家创作的现场成为研究者们的共识。

如何回到现场呢？最主要的途径便是借助于"史料"了，毫无疑问，图书馆是现代文学"史料"最集中的场所，因此，到图书馆查阅研究者的相关"史料"便成了常态，现代名人故居却成了被研究者遗忘的角落。现代名人故居都是以他们曾经居住过的地方作为基础建立起来的，因其在内居住，因此遗留下了很多有形无形的历史资料，这些历史资料都是图书馆中难以见到的。有形的资料包括书信、手稿、物品，无形的资料包括居住和生活的环境、居所的陈设等方面。这些有形和无形的历史资料，都将对研究对象的研究起到重要的作用。

如在郭沫若研究中，有关其后期的研究一直是个薄弱的环节，这其中既有社会认识的原因，也有资料缺乏的因素，另外还有研究方法的问题。研究者们多将关注的视角集中在新中国成立后郭沫若的行为阐述、作品解读等方面，而对于其心态行为产生重要影响的居所变更所起到的作用几乎无人涉及。对于郭沫若后期的研究，如果我们能够从其晚年的居所，也就是现在辟为郭沫若纪念馆的北京市西城区前海西街18号入手进行考察，是不是能有新的收获呢？郭沫若的晚年特别是在1963年以后创作锐减，仅仅只是完成了《李白与杜甫》《出土文物二三事》等考古学论著，以及《兰亭序》真伪的论辩文章，而《东风第一枝》和平生最后一部译作《英诗译稿》，则都是在其去世之后才得以问世的。回顾他这一时期的作品，可以发现，无论数量还是质量，显然无法与之前阶段相比。而且，1963年以后，郭沫若的作品更集中于历史与考古研究领域，需要激情与灵感的文学创作却略显薄弱，且作品社会反响褒贬不一，那个诗人郭沫若已不复存在了。为什么会出现这种状况呢？对于自己这一时期的写作状态，郭沫若自己是有清醒认知的。在1962年7月3日致徐迟的信中他写道："旅行是很好的事，我一在外旅行，便可以有些创作，一停顿在京里，就像化了石一样……"郭沫若的话并不是自谦，而是陈述了某种现实。走进郭沫若纪念馆你就会发现，1963年后，晚年的郭沫若生活的场域，是一个集办公、写作和居所三位一体的王府大院，在这里一切都被程式化和凝固化了。就连像书房这样一个私人创作的领域，也是向客人们敞开的，已经完全公众化了，在这种情况下私人的话语如何出现呢？所以我们看到，在他人生最后所创作的文学作品中，占很大比重的，反而是伴随旅行而生的纪游诗作。因此，只要他能走出这程式化的办公室，便就能获得往昔泉涌般的写作灵感。

由此可见，名人故居博物馆不仅可以为现代文学提供有形的文物史料，也可以展示创作者们的生存环境和空间，更能够为研究者们打开一扇新的研究之门。

　　所谓的反哺，就是指现代文学研究可以为名人故居博物馆的建设输送学理性的结论。现代文学研究的目的究竟何在呢？要回答这个问题，我们必须首先明确"文学充当人际交往的特殊话语，必将有助于一个社会或语言共同体的成员达到对客观事物的共同理解，建立大家认同一致的伦理规范，保持和谐的人际关系，强化情感与审美的交流"的理念。① 我觉得，文学研究除了要对所研究的对象进行正本清源的学理阐释，寻找到研究对象最科学合理的存在意义之外，如何利用研究所得到的成果服务现实，也应该是其中的一个重要作用，况且文学研究一直也在践行着这一功能。比如现代文学史的修订、再版与重印的现象，便是现代文学研究推动的结果。从 20 世纪 80 年代在高校中授课所普遍采用的唐弢的《文学史》，到现在每个大学里基本上都有着自己所编写的《中国现当代文学史》，这些文学史教材内不断丰富的内容、修订的结论、变化的体例，基本都是源于相关研究的深化。

　　但是，现代文学研究成果的现实服务功能，除了在高校中作为授课的教材之外，其余的方面表现甚微，这其中最应该的就是对名人故居博物馆建设和发展的理论提升和现实指导。首先，从博物馆的功能定位来讲，辅助教育功能是最重要方面之一。特别是名人故居博物馆，它承载的信息量也是非常巨大的，它已经成为了学校之外的第二课堂。另外，参观观众的层次参差不齐，不但有学生、民众，还有专业研究人士，甚至还有外国友人等，而名人故居博物馆的功能，就是利用其馆藏物品向来参观的观众全面介绍该名人的人生经历、主要成就，甚至是历史价值。那么如何向观众进行教育呢？比如展品的说明条就是最主要的形式，这看似简单的说明条，其写作却并非如此简单，因为它要求用最凝练的字句概括出所要说明事物的特征、价值等，而且要具有科学性和准确性。一些基本的史实，如名人出生的时间、地点等方面的内容，基本都是固定不变的，这些可以延续写下

---

① 　童庆炳主编：《文学概论》，北京大学出版社 2009 年版，第 438 页。

来；但是，对这个人的历史评价，这个人创作作品的意义和美学价值
等方面的内容，则会随着研究的不断深入而有所变化，这就需要及时
进行更新。如本文最前面所引述的童庆炳先生对于郭沫若纪念馆中有
关《蔡文姬》展品说明条例问题的质疑，这其实就是现代文学研究与
名人博物馆建设之间隔离的最好例证。如果能够把现代文学最新的研
究成果运用到名人博物馆的建设中来，必将对引领观众的认知，扩展
现代文学研究的影响力起到重要的作用。

其次，从名人故居博物馆的信息功能定位来讲，名人故居博物馆具
有信息聚集中心的功能。比如，在中国大陆境内一共有三个有关郭沫若
的纪念馆，分别是北京郭沫若纪念馆、乐山沙湾郭沫若旧居、重庆沙坪
坝郭沫若纪念馆，这些纪念馆所存在的最主要的原因，就是因为它们都
承载了有关郭沫若的最重要的文化信息。但是，怎样将这些文化信息科
学地展现给观众呢？这就是一个去伪存真的筛选过程，而这个筛选的过
程就是利用已有的研究成果，对现存的物品和信息进行真伪辨别，并在
此基础上保存和归类。北京郭沫若纪念馆这些年来一直致力于郭沫若各
种资料的搜集和整理工作，努力打造成为全国乃至世界郭沫若研究资料
的中心。这些资料的搜集和整理工作需要建立在科学研究的基础之上，
如郭沫若翻译作品版本书的收集和整理，就需要大量有关版本书的研究
成果资料。20 世纪 30 年代，曾经有本署名为郭沫若的《黄金似的童
年》的翻译作品，这本作品究竟是不是郭沫若翻译的呢？最新的研究
成果表明，此书为假托郭沫若译的伪书，对于这本伪书，我们就不能作
为郭沫若翻译作品的版本收集起来。由此可见，现代文学的研究对名人
故居纪念馆的反哺和建设性的作用是非常明显和重要的。

现代文学研究与名人博物馆建设之间所谓的填充与反哺的关系，其
实也是一体两面的事物，两者应是你中有我，我中有你的存在。通过名
人故居博物馆对现代文学研究资料的"填充"，以及现代文学利用自己
的研究成果对名人故居博物馆发展的反哺，它们能够相得益彰，互相
促进。

三　研究这个问题的意义

现代文学研究与名人故居纪念馆建设之间的关系究竟有什么意义呢？对于这个问题，应该从理论和现实两个层面加以说明。

首先从理论层面上讲，加强现代文学研究和名人故居博物馆之间的关联，可以弥补两者在各自领域发展中的不足，同时也可以促进两者文化内涵的深化和提升。

就文学研究来讲，我们不缺乏利用西方各种理论知识对所研究对象进行理论分析后所得出的结论。但是，作为所研究对象生存过的住所，并由此住所开辟出的名人纪念馆中所收藏大量的创作的手稿、出版的各类版本书、作家藏书等方面的研究，以及对这些纪念馆创作环境的考察和梳理，也都应该是现代文学研究中的一个必不可少的部分。另外，这些对外开放的名人故居纪念馆承担着社会公众教育的重要职责和任务，因此，进行文学作品传播学方面的研究，也可以是文学研究大众教育功能的一种非常有效的途径。比如，目前有关郭沫若的文学研究中，有关文学创作方法、创作理论以及作品特色等方面的研究，已经有了很丰富的成果，但是，有关生存环境对郭沫若创作特色的影响以及创作道路的选择等方面的研究却比较缺乏。而北京郭沫若纪念馆的存在将会进一步解决这一问题，因为经过了博物馆工作人员的辛苦工作，郭沫若生前所居住过的环境，甚至是物品的陈列都被非常好地保存下来，这为相关的研究提供了可供分析的第一手实物资料，也为郭沫若的研究开辟了新的道路。

就名人故居纪念馆的建设来讲，充分利用研究界的最新成果，更新展览的内容和说明，以最快的速度反哺给公众，使得公众教育能够最大限度地与相关研究成果保持同步。由于历史和现实的原因，名人故居纪念馆在研究方面的力量比较薄弱。这类型的名人故居纪念馆有其存在的特殊性，相较于一般古建类或综合类的博物馆来讲，它主要通过对人物的历史史实和主要贡献进行展览和介绍，以达到观众认识和了解的目的，这其实对于这类博物馆的文化内涵的要求更高，特别是对于史事的介绍，更要做到清晰准确。但是，名人故居纪念馆类型的博物馆因受隶属关系和编制体系的影响，科研力量相对薄弱，这便迫切需要引入外来的科研成果为其服务。比如，北京郭沫若纪念馆中，有关郭沫若相关生平和创作的介绍大多是简单文字的概述，少理论性的解析，很难满足不同层次观众对展览内容的全面了解，如果能够从多层面全方位对其进行解读，应该会收到更好的效果。也可以邀请相关的郭沫若研究专家，定期进行有关郭沫若研究的专题讲座或是有关郭沫若的普及教育，这些都应该是现代文学研究推助名人故居博物馆发展的有效途径。

最后，从现实意义层面上来讲，明确现代文学研究与名人故居纪念馆之间的关系，可以进一步完善两者服务社会的功能。

教育功能是文学研究的一项非常重要的方面，同时也是名人故居纪念馆作为博物馆的基本特性之一。文学研究绝对不仅仅只是学院派的产物，它更多的还是要服务大众，"净化人的心灵，提高人的艺术感受力和审美判断力，激发人的想象力，增强人的创造性和创造欲望。"① 就所关注的本体来看，现代文学研究中有关作家作品的方向和名人故居纪念馆的建构都是一致的，只不过是所呈现的方式不同。现代文学研究更多的是通过文字的分析和论述去阐释所关注的对象，而名人故居纪念馆更多的则是通过图片和实物的方式去展现某一对象，由此可见，两者关注主体的方式不同，但是目的却基本上是相同的。现代文学研究的目的，是通过对所研究对象的理论阐释，从更高意义上概括出其社会意义和价值，而名人故居纪念馆也是通过展览的手段去总结其业绩和贡献。二者最终的目的，都是通过这些方式去教育受众，认识历史，提升自我，从而完善社会服务的功能。

现代文学研究和名人故居纪念馆虽然分属于两个不同的学科范畴，但是由于其间千丝万缕的关联，如果能够将二者很好地结合发展，必将达到殊途同归的效果。

作者系郭沫若纪念馆副研究员

---

① 王长华、阎福玲：《从文学教育的功能与特点看文学课教学改革》，《河北师范大学学报》（教育科学版）2012 年第 10 期。

历史文化名人走进边疆诠释中华民族
璀璨文化

赵欣悦

2015 年 6 月 14 日 "纪念抗战胜利 70 周年——文化名人与民族精神"展览在新疆霍城第五届薰衣草文化旅游节期间开幕，这是北京八家名人故居纪念馆联合巡展首次来到边疆少数民族地区，意义重大，赢得诸多好评。8 位文化名人涵盖哲学、政治、文学、绘画、戏曲等领域，全方位多角度展示给边疆群众。向边疆群众介绍这些文化名人及故居纪念馆的藏品、展览、历史等，不仅是一种宣传，更是一种新型的人文关怀。不仅如此，该联合巡展加强了边疆少数民族地区与内地的文化联系，深化了中华民族文化的认同和自信。

联合巡展通过艺术审美与观赏体验的对接，尊重历史事实，巧妙安排展示文化名人事迹成就，达到对文化名人思想的升华。这种形式的联合巡展不仅增强边疆地区群众对中华民族文化的认同感，也是边疆少数民族地区青少年对中华民族文化培养文化自信，保持本民族文化自觉的有效方式。我国边疆地区多以少数民族为主，与中原文化有所不同，在历史的交融中，汉族文化与少数民族文化互相交融，相互渗透，早已成为一个整体。把优秀历史文化、革命文化和当代中国先进文化保护好、传承好、发展好，赓续民族血脉，弘扬民族精神，也是我们光荣的使命。

中国社会科学院边疆史地研究中心主任厉声指出，边疆发展一方面要注重历史的继承，一方面要尊重现实。在边疆和内地一体化不断加深的今天，边疆地区应该保持特色，扬长补短，竞相发展，并和周边国家和地区共同繁荣、共享成果。中国少数民族文化在中华民族文化发展中有着重要的历史地位，在当代文化语境下，少数民族文化的现状及发展趋向，是专家学者思考和研究的问题。怎样在实现中华民族伟大复兴"中国梦"的历史阶段中弘扬优秀民族文化传统，发展民族文化自觉，是我们面临的重要课题。第二届"中国边疆重镇"高峰论坛①以"文化边疆"为主旨，其中"文化的大繁荣、大发展与中国边疆的可持续发展"是主要议题之一。文化名人故居纪念馆发挥自身优势特点，通过文化名人走进边疆这种形式，展示文化名人的人文关怀，借助文化名人效应，让历史文化名人活起来，不仅仅是让边疆少数民族群众增强中华民族文化认同感，同时也让更多的内地有识之士关注边疆发展，关注边疆文化事业。

一　边疆巡展是对文化名人资源挖掘和研究的突破

　　文化积淀是一个国家最深层的情感和精神追求，是一个民族保持生机与活力的源泉。中国的历史文化名人是民族和国家文化传承的重要组成内容，因此，做好历史名人文化发现、发掘、保护、利用工作，不仅是对名人历史功绩和崇高精神的发扬光大，也是对中华民族历史文化的有效传承，更是挖掘文化名人资源，提升文化资源档次，促进文化资源与旅游资源相融合，促进优质文化资源直接转化为经济发展优势，从而更好地服务于经济建设的重要举措。中国文联原副主席李准说，历史文化名人的成就和他们的高尚人格，是传承和弘扬民族优秀文化的重要载体，也是建立文化自信、塑造国家形象和推动文化创新的重要基础和支撑点。

　　历史文化名人的资源挖掘和研究不应仅仅局限于文化名人个人成就领域中，应更多关注其与社会、民族、历史、人文的联系。历史文化名

---

　　① "中国边疆重镇"高峰论坛，是由《环球时报》、新浪网共同发起的"让边疆不再遥远"大型公益活动的重要组成部分。"让边疆不再遥远"大型主题公益活动于2011年6月启动，旨在让更多的人了解边疆、关注边疆、走进边疆。

人故居纪念馆应该联合起来，多领域、多学科，充分发挥文化名人人文关怀的优势，为宣扬中华民族伟大的智慧、凝聚力量作出贡献。近几年来，我国历史文化名人故居纪念馆的开发有了很大进步，也取得了显著成果，各种形式的宣传展示层出不穷，但历史文化名人资源开发多围绕个人成就，采取复原式开发，这远远不够。需要整合资源，凝聚力量，优势互补，多个故居纪念馆应该联合起来，寻找共同点，多角度开发文化名人资源才具有现实意义。通过联合活动（展览、出版、座谈、文创等），让观众多层次地体验到中国历史文化名人事迹，灵活丰富展示他们的思想光辉和才情魅力，增强历史名人的吸引力，使他们在人们的认知中饱满立体起来。因此，我们应多渠道、多层次，采取多种形式，充分发挥历史名人的功绩。

挖掘文化名人的精神财富，推广文化名人人文关怀的同时，对文化名人的宣传应该走出去，到边疆，到国外。文化名人资源挖掘应注重内涵，宣传上应注重对气氛的营造，尤其来到边疆少数民族地区，展览展示上以观众喜闻乐见的方式表现出来。文化是软实力，是隐性的，文化不像某些实体，它是通过各种载体得到显现，属于"润物细无声"。历史文化名人对后世的影响往往是潜移默化的，从思想观念、行为方式和价值取向上，影响着一代又一代的人，并逐渐形成和发展了极具地域特色的文化精神。通过对展览场所整体环境的精心布置，通过对细节的设计，通过对文化名人生平的真实再现，营造出浓厚的文化氛围，让观众在轻松愉悦的过程中，不知不觉受到教育和启发，得到精神的升华，不仅对于历史文化名人本身及作品有充分的了解，还能对其思想有深刻的认识，甚至还能通过文化名人透视文化名人所处的时代和文化，这才是文化名人挖掘的最高境界。北京八家名人故居纪念馆联合活动办展已经有 15 年的历史，积累了丰富的经验，取得了显著的成绩。但来到边疆联合巡展还是第一次，这是对文化名人资源开发及宣传的突破，是很好的尝试和范例。

二　展现传统知识分子精神风貌 增强中华民族
文化认同与自信

优秀的传统文化在求同存异中包容多元文化、树立文化自觉和文化自信，对于强化民族成员对自身的文化认同和自信，加强自身的民族凝聚力具有举足轻重的作用。中国传统知识分子都有一个共同的祖先，中华民族以"炎黄子孙"自称，这一同祖的感情纽带传承数千年，至今仍激励着各民族、各行业的仁人志士为振兴民族而努力。以精忠报国为人生之大任，"先天下之忧而忧，后天下之乐而乐"，对国与民都展现出浓厚的深情大爱；讲仁爱、守诚信、崇正义、求大同等思想理念，牢固积淀在中华民族成员的思维模式和行为方式中。

这次联合巡展，展出了近500多幅历史珍贵图片，包含大量的文献史实。通过基本史实、人物性格、人生线索、成就成果及精神思想合理安排，巧妙地线索串联，使人物的人格魅力与思想风貌有机结合，将知识性和观赏性糅合在一起，再现了8位历史文化名人的中国传统知识分子精神风貌。尤其针对边疆少数民族地区，通过这些历史文化名人伟大的人文关怀，通过对历史文化名人的成就、思想、人生等集中展示，解读了历史文化名人留下的宝贵的非物质文化遗产，展现了历史文化名人的进取精神、丰硕的成果和巨大的人格魅力，为我们呈现了一组丰富、饱满、生动、可信、可爱、可敬的中国传统知识分子形象。作为由56个民族文化构成的文化共同体，发挥中国优秀传统文化在现代化进程中意义重大。传承优秀传统文化，是在唤醒民族记忆、肯定民族文化根本的前提下，进一步强化民族的性格、情感和习俗，这无疑会加深民族内部的情感认同，强化民族的向心力，弱化离散力。通过这种历史文化名人联合办展的文化活动，增强我们在共同血缘和共同地缘基础上形成的族类认同，包括共同的语言、共同的信仰、共同的生活方式，从而提升中华民族凝聚力。中国人独特而悠久的精神世界，让中国人具有很强的民族自信心，也培育了以爱国主义为核心的民族精神。

民族凝聚力是一个民族在长期发展融合过程中逐渐自发形成的文化

层面的内在力量，以一种观念形态（感情、愿望、理想、价值观念、思维方式）蕴藏在每一个民族成员之中，是团结、维系和支撑一个民族生存发展不可或缺的内在力量。① 党的十八大以来，习近平总书记提出了中华民族伟大复兴的中国梦——国家富强、民族振兴、人民幸福。要实现这一目标，除了重视经济、政治、社会等的发展，还必须重视加强民族凝聚力的建设，这是促进中华民族发展强大的重要内在动力。历史文化名人故居纪念馆通过联合巡展宣讲，走出去，到边疆，展示历史文化名人人文精神风貌，具有示范作用。历史文化名人作为展示中华文化传承的重要组成部分，从内地到边疆发挥着积极的作用，是培育中华民族精神、增强中华民族文化认同与自信的有力支撑。

三　集聚文化名人发展要素，构建中华民族文化建设的强大合力

文化名人是中华民族的历史文化资源，是长期逐步积累形成，在中华民族成员心中，优秀传统文化中最打动人心的莫过于价值理念和道德习俗。这次北京八家文化名人故居纪念馆在新疆霍城联合巡展的同时，还举行了捐书活动，共计 266 册，84 种。这些精心挑选的书籍有的是文化名人的代表作品，有的是故居纪念馆业绩成果。这些书籍不仅丰富了边疆人民的文化生活，同时也把这些书籍作品所蕴含的文化名人的思想、理念传播到边疆群众中。

中共十七届六中全会强调："优秀传统文化凝聚着中华民族自强不息的精神追求和历久弥新的精神财富，是发展社会主义先进文化的深厚基础，是建设中华民族共有精神家园的重要支撑。"作为优秀文化的创造者和继承者，历史文化名人是一个国家历史文化精神的延续，是整个民族集体记忆不可缺失的部分，是整个民族文化命脉的根基，是可遇不可求的稀缺文化资源。他们可以塑造民族文化个性，确立民族文化特

---

① 吴祖鲲、王慧姝：《强化优秀传统文化认同 提升中华民族凝聚力》，《红旗文稿》2015 年第 9 期。

色，播撒文化的种子。

历史文化名人的思想、成就、人生等等诸多方面，都值得研究宣传。聚集文化名人的这些发展要素，建立历史文化名人故居、纪念馆、博物馆，既是宣传历史名人功绩和高尚品德的有效措施，也是展现本民族丰厚文化底蕴，提升文化品位的重要手段，还是精神文明建设与爱国主义教育的重要方式。例如郭沫若纪念馆，就是北京市爱国主义教育基地。深度开发历史文化名人，可以打造独特文化名片，进而形成特质产业，带动一方经济的发展，并且成为中华民族文化建设的有力支撑。因此，发掘、保护、利用历史名人文化，是做大做强文化事业和文化产业、提升文化软实力的重要途径，也是发掘地域新经济增长点的重要途径，是加速促进可持续科学发展的必然战略选择。让历史文化名人活起来，应通过媒体、文艺创作、展览宣讲、网络等多种渠道，以丰富多样有趣的宣传手法，引起社会的广泛关注。要鼓励利用名人故居举办各种群众性文化活动，如讲座、展览、征文等，掀起研究名人的高潮，扩大影响，营造浓厚的文化氛围，提升文化品位。

文化名人故居长期缺乏自我宣传的意识，普通群众甚至连其名称、地址都没听说过，更别说在边疆少数民族地区。所以，必须加强宣传，提高知名度，把文化名人思想、成就、事迹传播开。文化名人故居纪念馆要充分利用科学技术的优势，结合当今科技潮流，发挥网络的优势，建立自媒体，主动出击，把文化名人的精神讲出去，把展览办出去。郭沫若纪念馆2015年3月建立微信公众平台，取得了良好的效果，半年多发布消息30多条，涵盖展览、活动、讲座、研究等等，内容丰富，形式灵活，效果良好。郭沫若纪念馆通过无线互联科技优势，把郭沫若伟大的人文关怀，中国传统知识分子优良的思想情操宣扬出去，及时高效地把文化名人故居纪念馆动态传播出去，建立起强有力的宣传新模式。作为人类文化传统和精神成就的载体和见证，历史文化资源是人类社会的共同财富，可以鉴史，可以育人，可以兴业。在经济建设、社会发展和对外文化交流中，其现实意义非常重大。历史文化名人的开发和利用要在中华民族文化建设的大背景下进行，要大胆创新，依据现有条件，最大限度地保护与利用故居，让其发挥教育功能、价值引导功能以及文化审美等功能，从而成为构建中华民族文化建设强大合力的重要部分。

北京八家名人故居纪念馆牵手联合举办活动已经走过 15 个年头，每年通过鲜明的主题展览活动，赋予名人故居纪念馆新的文化内涵，让教育活动紧跟时代步伐，充分发挥了博物馆在爱国主义教育中的重要作用，被誉为是活跃在博物馆界的"乌兰牧骑"。中国历史文化名人是中华民族共同的文化财富，不分地域，不分民族。历史文化名人本身既具有民族性，也具有世界性，更好地挖掘文化名人的潜能十分必要。通过挖掘历史文化名人的文化内涵，弘扬优秀的中华历史文化，这样伟大的事业值得我们去努力奋斗。

作者系郭沫若纪念馆馆员

浅谈如何利用"互联网+"概念为博物馆观众服务

刘　洋

伴随着国务院 2015 年 7 月 4 日印发《关于积极推进"互联网+"行动的指导意见》,"互联网+"概念在主流媒体上再次被热炒。"互联网+"概念在不断成熟和发展的过程中,给人们带来的巨大价值已经逐渐被人们所认可。事实上,"互联网+"概念促进的不仅仅是互联网产业,李克强总理指出,"互联网+"是两化融合的升级版,从而将互联网作为当前信息化发展的核心特征提取出来,并与工业、商业、金融业等服务业的全面融合。这其中关键就是创新,只有创新才能让这个"互联网+"真正有价值、有意义。正因为此,"互联网+"被认为是知识社会创新 2.0 下的互联网发展新形态、新业态,是创新经济社会发展及其催生地经济社会发展新形态。对于以服务观众、服务社会为己任的博物馆行业,应该抓住机遇,迎接挑战,参与并应用好"互联网+"概念为观众服务。从最早的网络预约购票平台的不断完善,到扫二维码收听讲解内容,再到现在清晰度不断提高的网上虚拟博物馆,让我们看到"互联网+"概念下博物馆行业不断前进的步伐。

一　什么是"互联网+"

互联网产品从最早的 BBS 到论坛,到功能更完善的社区,再到曾经风靡一时的能够"偷菜"的社群网站,互联网已经改造及影响了多个行业。"互联网＋"是互联网思维的进一步实践成果,"互联网＋"概念发展的脚步一刻没有停歇过,它代表一种先进的生产力,推动经济形态不断地发生演变,从而带动社会经济实体的生命力,为改革、创新、发展提供广阔的网络平台。"互联网＋"概念也代表一种新的社会形态,即充分发挥互联网在社会资源配置中的优化和集成作用,将互联网的创新成果深度融合于经济、社会各领域之中,提升全社会的创新力和生产力,形成更广泛的以互联网为基础设施和实现工具的经济发展新形态。当前大众耳熟能详的电子商务、互联网金融、在线旅游、在线影视、在线房产等行业,都是"互联网＋"的杰作。

国内"互联网＋"理念的提出,最早可以追溯到 2012 年 11 月于扬在易观第五届移动互联网博览会的发言。易观国际董事长兼首席执行官于扬,当时首次提出"互联网＋"理念。他认为,在未来,"互联网＋"公式应该是我们所在的行业的产品和服务,在与我们未来看到的多屏全网跨平台用户场景结合之后产生的这样一种化学公式。我们可以按照这样一个思路找到若干这样的想法。而怎么找到你所在行业的"互联网＋",则是企业需要思考的问题。

2015 年 3 月,在全国两会上,全国人大代表马化腾提交了《关于以"互联网＋"为驱动,推进我国经济社会创新发展的建议》的议案,对经济社会的创新提出了建议和看法。2015 年 3 月 5 日十二届全国人大三次会议上,李克强总理在政府工作报告中,首次提出"互联网＋"行动计划,力求推动移动互联网、云计算、大数据、物联网等与现代制造业结合,促进电子商务、工业互联网和互联网金融健康发展,引导互联网企业拓展国际市场。

《关于积极推进"互联网＋"行动的指导意见》,号召我们抓住机遇,利用互联网已经形成的优势,进一步推进"互联网＋"概念的发展,这不仅有助于进一步激发创新活力,增加创新体系,培育新兴业态和创新公共服务模式,还可以打造大众创业、万众创新,增加公共产品、公共服务"双引擎"。

《关于积极推进"互联网＋"行动的指导意见》提出,我国"互联网＋"行动总体目标是:到 2018 年,互联网与经济社会各领域的融合发展进一步深化，基于互联网的新业态成为新的经济增长动力，互联网支撑大众创业、万众创新的作用进一步增强，互联网成为提供公共服务的重要手段，网络经济与实体经济协同互动的发展格局基本形成。

二　利用"互联网＋"概念为博物馆观众服务

（一）充分利用O2O模式延伸服务内容

O2O即Online To Offline，即将线下商务的机会与互联网结合在一起，让互联网成为线下交易的前台。这样，线下服务就可以用线上来揽客，消费者可以用线上来筛选服务，成交可以在线结算，很快形成规模。微博已不再是大家随时刷屏的利器，可用于支付的微信已经深入人们生活。博物馆通过建立官方微信公众号，使用"互联网＋"概念，就可以让观众在参观前便开始享受到服务。让观众关注微信公众号，对于博物馆来说，这不仅仅局限于网络支付及观众资料的搜集整理工作，而是针对网上完成的预约及购票人群，开展前期服务工作。比如，尚未达到4A旅游景区标准的博物馆，是无法安装合法交通标识的，像李大钊故居这样坐落在胡同深处的博物馆，就存在位置不太好找的现实困难。我们可以考虑采取在观众网络预约付款后，即时推送交通引导信息及联系电话的方式，这样即便是搭乘公交而来的外地观众，下车后也不会再一脸茫然，不知该往何处走，可以顺利地根据地图导览前来参观了。再者，目前的电子地图大多以高大建筑物为主要参照物，有些与目的地实际距离相对较远，加之从手机上看比例尺误差很大，观众有时会为了寻找一个标识物而绕远，甚至南辕北辙。而由我们自主推送的交通信息的好处是，可以自行根据主要标识物进行道路引导，免去一些不必要的地标误导。

（二）综合分析已有数据，加强针对性服务

以前各博物馆为了更全面地服务观众，为了进一步提升服务水平，为了更有针对性地提供个性化服务，先后收集了不少数据。比如针对观众量、观众知识层次、观众年龄分布等进行过统计。也做过很多调查问

卷，询问观众的兴趣点是什么，观众对展陈、讲解员或场馆设备有什么建议。但实际上，现场问卷调查有一定的时间紧迫性，岁数大的观众看完展览有时很累了，有时观众急于处理事务着急离开，有时观众为了换取纪念品胡乱打钩，有时不好意思填写对展馆或讲解员的真实看法。今后我们完全可以用网站或微信完成一些群众意见的收集工作。尽管网络收集的反馈可能因观众年龄及喜好不同，无法和纸质问卷的信息采集量相比，但可信度和可利用率更高，因此在"互联网＋"概念的应用下，可以令问卷做得更具亲和力，提升观众答卷的兴趣，使我们资料搜集工作变得更具真实性。

以李大钊故居为例，为观众服务是第一要务，为此收集过不少观众数据，例如年观众量、各个爱国主义教育活动参与观众、临时展览巡展观众量等。作为校外大课堂，为执行各个票务减免标准，还细化统计观众的年龄、类型；为了解观众的满意度，还收集了观众留言簿等数据。但以前大多被用于年终填报各类总结及报表，现在，在"互联网＋"概念应用基础上，可以从数据上分析出不同时间、不同展览的观众群是什么，根据分析结果，今后可以有针对性地向不同观众群介绍我们的活动和展览。还可以将观众留言录入后加以分析，然后通过整理，分类放到故居官网加以展现。这样做不仅可以体现观众对故居的满意率，还可以让工作人员有针对性地随时根据观众意见加以改进。

尽管"互联网＋"概念应用已经深入人们生活当中，但年龄大的人群对新事物的接受能力还是有限的，因此，我们要利用好已经被大家熟悉的 APP 和二维码这些已经成熟的"互联网＋"概念产品，更好地为观众服务。

伴随着北京八家名人故居、纪念馆联盟活动不断深入，故居观众数量逐年上涨，相对显得讲解员数量少了。现在已经是智能手机时代，语音导览不再是高科技产品了。虽然有触摸屏互动，观众看着也提不起兴趣，不仅吸引不了观众，而且从原状陈列布展角度来说也稍有不适，比如给学生观众造成"李大钊家有空调、有电脑触摸屏"的笑话。我们可以通过让观众在观展过程中扫二维码，用手机接收讲解内容，进行自助参观。这种办法是个不错的选择，不仅节省了语音导览器材更新、购置费用，还可以随着资料搜集整理，及时更新充实讲解内容。还可以根据观众下载量，综合分析观众的信息和行为。例如不同年龄段的观众在哪个展厅停留时间最长，对哪一件文物参观得最仔细。根据这些数据分析的结果，反馈出观众喜好及搜索频率最多的内容，加强团体讲解的针对性。也可以根据该展品开发一些纪念品或文化创意产品，走出纪念品千篇一律的圈圈。

（三）"互联网＋"不是网络应用提升，重要的是"＋"

《关于积极推进"互联网＋"行动的指导意见》一文认为，"互联网＋"是把互联网的创新成果与经济社会各领域深度融合，推动技术进步、效率提升和组织变革，提升实体经济创新力和生产力，形成更广泛的以互联网为基础设施和创新要素的经济社会发展新形态。在全球新一轮科技革命和产业变革中，互联网与各领域的融合发展具有广阔前景和无限潜力，已成为不可阻挡的时代潮流，正在对各国经济社会发展产生着战略性和全局性的影响。

简单地说，"互联网＋"就是将互联网与现有的传统行业相加，但在大数据时代的今天，并不是将传统行业和互联网沾边，就是"互联网＋"概念了，而是要将搜集的信息资料利用互联网技术加以处理、整理，将互联网与传统行业进行深度融合，产生质的飞越。目前，大多博物馆都像李大钊故居一样，开设自己的官网，所以大都具备"互联网＋"的基础。现在故居网络改版在即，可以利用这一契机，进一步加强"互联网＋"概念的应用。

每年的9月30日已经被定为国家公祭日，不仅要组织学生到爱国主义教育基地内进行祭扫，更要充分发挥网络的力量，进行网上祭扫。对此，我们应该在组织学生参与到活动中之前，搭建好网络活动平台，开辟网上祭扫专版。在组织学生参与网上祭扫的同时，做好后台数据整理，可以统计参与者的学校分别是哪所，统计出参与者的年龄结构是什么样的，可以统计到参与者在什么时间段参与活动的比较多。据此加以分析，看看我们的宣传组织是否到位，组织参与祭扫人员所占比例多少，由此判断活动组织工作中，网站宣传力度是否达到了预期目的。

　　伴随着《博物馆条例》的颁布，假期成了李大钊故居开展学生活动的重要时段。每逢寒、暑假，来故居学习、了解历史甚至前来完成老师预留假期作业的学生都不在少数。请进来固然是博物馆对外开放的基本工作，但老师留作业的时间大多是统一的，这与故居每日对外开放的时间有限及家长的休息时间大多固定在周末形成了一定的矛盾。

　　网络已经是人们查找资料、自行学习的首选工具，网络博物馆开放后，是否可以满足观众的需要？在学习人物传记、文章等知识时，是否可以到我们的网站上查询和完成学习？故居网站上是否将涉及李大钊的文章都收集？所收集的文章是否已经按照观众需求进行分类整理？对于上述问题，我们可以根据观众提问的次数进行统计，并加以重点展示，并且开设观众留言平台自助回复系统，及时解答观众关心和关注度较高的问题。

　　虽然网上虚拟展馆的博物馆令不便于前往的观众在家就能身临其境，但目前观众对博物馆的需求是多层次的，对于那些只想观看展览的观众而言，虚拟博物馆或许就已足够。但如果想要真实接触展品实物，体味历史，最好还是将观众请进博物馆。毕竟各馆的镇馆之宝数量很多，不法分子有可能利用高分辨率的影像资料制作赝品，所以，出于对文物的负责，在网络展示文物时，要避免这个问题。

　　纪念品的销售也可以走出传统的柜台模式，利用"互联网＋"概念推广，展示区只悬挂照片及二维码进行销售。这不仅避免了观众现金交易的各种困扰，还可以省去顾客拿着书或者较笨重纪念品奔波的麻烦。扫二维码网上购买，网上支付，博物馆后台统计并联系快递发货，外地观众也许人还没回家，购买的东西已经到家了。

　　《关于积极推进"互联网＋"行动的指导意见》还指出，目前我国在互联网技术、产业、应用以及跨界融合等方面的努力已经取得了一定成绩，虽然已具备加快推进"互联网＋"发展的条件，但也存在传统行业运用互联网的意识和能力不足、传统行业对互联网理解不够深入等问题，亟待加以解决。

　　单从新技术运用层面看，国内的博物馆在世界范围内只属于中等偏上的水平。国家博物馆副馆长陈履生认为，国内博物馆在新媒体运用方面起步并不晚，只是大多偏向于那些相对小型的科技平台，比如二维码、微信语音导览，在更为复杂的新技术展示、研究、保管方面，与世界先进水平存在不小差距。

"互联网＋"技术尽管目前还处于起步阶段，还有很多不足和有待开发的方面，但随着"互联网＋"技术不断发展，技术的成熟和观众的需求变化一定会推动博物馆服务不断创新。相信"互联网＋"概念在博物馆方面的应用潜能会逐步开发，充分释放，为观众创造更优质的服务，为博物馆事业发展推波助澜。

作者系北京李大钊故居管理处馆员

第二部分

追忆空间

记忆与文学

王红英

秋天的风总是吹得人在不知不觉中思绪万千，坐在人潮涌动的新东安里品着咖啡，或徜徉于王府井看着街头的繁华，如果您知道老舍，或许自然就会想到不远处那个普通却不平凡的四合院。曾几何时，每到金秋，那里就会摆满数百盆的菊花，小院有个好听的名字——丹柿小院。在那里，你可以寻觅到作家老舍的记忆身影。如果你走进老舍的文学世界，便更可以遥想、感受流淌于他笔底的"京味文学"的韵致，也可以静谧安详地享受一份普通百姓的生活情趣。这就是老舍故居（图二）。

带着记忆步入丹柿小院，便会觉得迎面吹来一股浓郁的"京味儿"，木影壁、灰砖瓦、枣树、柿树（图三），这些都是老北京四合院的布局。三间北房仍按这里的主人——老舍先生当年的生活原貌陈列，其中两间是客厅，曾有许多中外文化名人在此与他交谈。岁月流逝，遥远的欢声笑语却似乎还在客厅之中萦绕。

1949 年 12 月 9 日，经过长时间的航行，老舍从美国回到天津。两天后，即回到了阔别多年的故乡——北京。这里是他出生成长、日夜思念的地方。他写过一篇散文《想北平》，他对这座古城有一种浓得化不开的眷恋。

1950 年初，老舍夫人胡絜青携四个子女回到北京。老舍为安家而奔波，最后选定了位于灯市口西街丰富胡同的这个小院落。经过办手续

图二　老舍故居大门

图三　老舍故居内的柿树

和简单地收拾，春暖花开的时节，六口人终于有了全家福的团聚。

灯市口毗邻繁华的王府井大街，而这个小院却闹中取静。这里离老舍任职的中国文联只有三五分钟的距离，距位于王府井南口的北京市文联，也顶多一刻钟的时间。这样的位置、环境十分适合老舍，他离不开朋友。

丰富胡同十号（今十九号）小院的院门朝东，进门绕过影壁往右拐是里院。进门直走有个小门，穿进去是不大的前院，有南房、北房各两间。后院正房三间，附两间耳房，西耳房就是老舍的住宅和书房，中间是客厅，东边是胡絜青的卧室。院子里的东、西厢房是子女住房和厨房餐厅。正房前有两棵正值壮年的柿子树，是当年老舍夫妇住进来时亲手栽种的。老舍因此称自己的新家为"丹柿小院"。院子当中是十字甬道，由此分成的四方块地上曾经摆满了鲜花。据舒乙回忆，老舍的哥哥是种花的行家，帮老舍种了好多菊花，有一百多种，近三百盆。每当菊花飘香的季节，老舍就会邀请同事、朋友聚餐赏菊。周恩来总理、郭沫若夫妇都曾来过这里，赵树理、王亚平、汪曾祺等作家也是这里的常客，此外来这儿的还有饭馆经理、裱画师傅、医生、花匠、演员、画家……老舍的朋友真多！

1966 年 8 月 24 日上午，头天挨了批斗、受了侮辱的老舍拄着手杖独自一人离开了家。临行前，他深情地对正在院子里玩儿的孙女说："跟爷爷说再见！"说完缓步踱出小院，永远都没有再回来。

西耳房是老舍先生的书房，记载着老舍生前在这里度过的一切。对着东门的书桌上，摆放着国画大师齐白石老人为他篆刻的印章、冯玉祥将军亲送的玉石印泥盒，还有清代戏曲理论家李渔的一方砚台。在东墙高柜上有一台老式电扇。写字台上的台历日期，是他离我们而去的日子——1966 年 8 月 24 日。它似乎还在告诉人们，主人只是刚刚工作完，离开了。就是这间小小的书房里，诞生了《方珍珠》《龙须沟》《茶馆》等著名话剧，和老舍为纪念父亲而作的《神拳》等 23 部著作。此外，大量的曲艺、散文、诗歌、论文、杂文以及未完成的长篇自传体小说《正红旗下》，都诞生在这里。要简单说一下的是，老舍文学作品的一部分声誉与价值，直接与作品的"京味儿"，即北京的地域文化特色紧密相关。"京味儿"凸显了他作品中浓厚的民族色彩与深厚的东方情调，他是现代"京味儿"文学的开创者与奠基人，但"京味儿"又远远不能涵盖老舍文学。所以，老舍当然不是现代文学史概念上的京派作家，同时也不仅只是一个"京味儿"作家，他比纯粹意义上的"京味儿"作家要深厚得多。

一　"京味儿"作家

"京味儿"是什么味儿？简单说，应该就是一种对北京人及地域"心理的、生理的、哲理的"全方位的解析。"京味文化"描写北京的市井人情，自然的山水名胜，人文的历史遗迹，这些都是地域文化应有的内容。老舍最擅长的是用笔描绘北京人纷繁的精神气质和性格、心理上的特点。其中包括：

（一）　对市井风情的反映

说老舍作品洋溢着浓浓的京味儿，首先因为老舍大量描写了北京人的生活——不光是城市下层平民，也有中层和贵族；不光是家长里短的日常生活，还有复杂的政治生活，多元的文化生活；既反映时代更迭的大起大落，也描述普通百姓的身边琐事。尤其后者，更以其数量之大、种类之全、影响之大，成为"京味儿"文学中的代表。据统计，在老舍的文学作品当中，文学人物共计500多人，而中、下层人物多达470人，占总人数的85%以上，使他的作品成为了描写北京市井生活百态及风土人情的《清明上河图》画卷。

（二）　对北京人文化精神和文化品格的刻画

老舍作品中大量的市井风情并非纯客观的，而是带有浓厚的主观情感，描述中既有吟咏歌颂，也有讥讽批判，甚至以后者为多。在老舍看来，北京文化经过历史的淘洗、发展，正到了非改革不可的时候。因此，他对北京文化品格和文化精神的描写多带批判笔墨。包括对人情交往中繁文缛节的批评，对封建礼教的否定，对"文明结婚"本质的揭露,对沉醉于小玩意儿的北京人善意的提醒。"我们现在还能在北平看到的一些小玩意儿中,像鸽铃、风筝、鼻烟壶、蟋蟀罐子、鸟儿笼子、兔儿爷……看出一点点满族人怎样在细小的地方花费了最多的心血。"这是对"熟透了"的满族人最典型的描写。老舍认为,这种"生活"的艺术,证明族人没有力气去保卫疆土和稳定情绪,只会在花鸟鱼虫中自我麻醉。他对《四世同堂》中"别管天下怎么乱,作了亡国奴还要做寿"的作为,更是给予了明确的否定与鞭挞。

二　北京情结

前几年,诗人叶延滨写过一篇文章《寻找北京的味道》。他的结论是,老舍名著《骆驼祥子》里,祥子拉的那辆洋车就是正宗的经典京味儿。因为坐洋车并非一定为了便利交通,更多的是一种怀旧。装备齐全,迎风抖擞的洋车,再配上精精神神的车夫,为的就是让您去充分地品味一番京味儿。

当我们从这些典型的京味儿现象中来一次升华,在审美层面上回味老舍及其京味儿文学时,不难看出,老舍除了有对乡土的眷恋,更凝结为一种情结——地地道道的北京情结。这促使着他广博地吸收先人们在地域文学方面丰富的文化遗产,尤其京城厚重的历史文化积淀,并把它浓缩在京腔京韵的老舍式语言风格里,实现文人情致与市民情趣的审美契合。

老舍的北京情结,还促使他从文化的视角对北京文化进行全面地审视,大大地增强了小说的文化含量,使其成为城市精神和城市品格的一种体现。老舍正是这样不断开掘着带有浓郁北京地域色彩的可用题材,并形成了自己京味儿文学的独特风格——老舍风格。至于其外在标志——语言,那是老舍的绝活儿,在笔下驱遣得出神入化了。

总结老舍的生平与创作,大致可以结论如下:

（一）反映北京生活，塑造有鲜明性格特点的北京人物形象，是"京味儿"文学的主要特点。

老舍熟悉北京的历史与现状，熟悉北京的人与事，并有高超的天赋表现技巧。在谈到参与生活的体验和感受时，他说："我自己是苦寒出身，所以对苦人有很深的同情。我的职业虽使我老在知识分子圈里转，可是我的朋友并不都是教授与学者。打拳的、卖唱的、洋车夫，也是我的朋友。与苦人来往，我并不是和他们坐坐茶馆，偷偷地把他们的动作与谈论用小本儿记下来。我没作过那样的事。反之，在我与他们来往的时候，我并没有'处心积虑'地要观察什么的念头，而只是要交朋友。""那里的人、事、风景、味道和卖酸梅汤、杏儿茶的吆喝的声音，我全熟悉，一闭眼我的北平就是完整的，像一张色彩鲜明的图画浮立在我的心中。" "我能描写洋车夫，是因为我有许多朋友是以拉车为生的。"

老舍是从北京护国寺一条叫小羊圈的胡同里成长起来的平民作家，就像他多次描写过的长在北京城墙砖缝中的小枣树一样，土壤、营养都贫乏到极点，可是它依附在母亲——雄伟古城的胸口上，顽强地硬钻了出来，骄傲地长成了树。老舍正是这样一棵长在古城的胸口上先天营养不良、后天却异常壮实的枣树！他 1899 年生于北京，1966 年死于北京。他熟悉北京人生活中的一切，尤其擅用一口漂亮地道的京白，把北京人的众生百态艺术地激活在笔端和舞台上，令人称奇叫绝。他当然是"京味儿"文学的代表之一，他写的就是老北京，写的就是古城的风土人情，写的就是老北京人的命运和希望。他一生给后人留下了 900 多万的文字，长篇小说就有 15 部之多。《大明湖》手稿被毁，忽略不计，剩下 14 部。还有两部没写完，一个叫《蜕》，一个叫《正红旗下》，也勉强算半部，总计留下 12 部完整的和两部未完的长篇小说，共 250 万字。其中有五部半是以北京的人文地理为背景，即《老张的哲学》《赵子曰》《离婚》《骆驼祥子》《四世同堂》和《正红旗下》。这五部半作品共有 150 万字，占了老舍全部长篇小说字数的 60%。

从积水潭、护国寺这些熟悉的地名到各式各样的北京小吃，从京味儿十足的语言到北京人的生活习俗，老舍用他的文字为我们留住了昔日北京的记忆。而这记忆不仅属于昨天，也属于现在，并将属于未来。老舍开创的"京味儿"文学，不仅深受许多国人的喜爱，也为外国人了解散发着古韵情致的北京，开启了一扇窗户。他说，他所爱的北京"不是枝枝节节的一些什么，而是整个儿与我的心灵相粘合的一段历史，一大块地方……它是在我的血里。我的性格与脾气里有许多地方是这古城所赐给的"，"不管我在哪里，我还是拿北京作我的小说的背景，因为我闭上眼想起的北京比睁着眼看见的地方更亲切，更真实，更有感情。这是真话。"

俗话说"一方水土，养一方人"。北京的风水孕育出北京人的秉性，这很容易就可以从老舍笔下的北京人物谱系中分析、归纳出来。老舍对北京普通市民的生活太熟悉了，所以透过他刻画的人物，自然不难准确找出北京人的特点。在老舍的"京味儿"文学里，艺术想象出来的人物，都深植于这座大都市真实的地理背景与市井习俗之中。他们住的院子、胡同，行走过的街道，到过的寺庙、公园、饭馆、店铺，都是现在依然真实存在或曾经有过的。大家再熟悉不过的就是，老舍把他自己的出生地——现在的西城新街口南大街小杨家胡同 8 号，写进了《四世同堂》和《正红旗下》。经历了一个多世纪的历史风雨，这条小胡同和这个小院依然保留着老舍所描写的那种格局，至少整体模样没有改变。像任何一个大作家一样，幼年的生活经历给他留下的印象如此深刻、清晰，他在青岛写《骆驼祥子》时，闭着眼就写出了祥子牵着骆驼进城的详细路线；他在远离北京的重庆写《四世同堂》时，把小说里的 10 个家庭、34 位鲜活的男女老少，都安排在他住过的小院以及他的东、西与对面邻居的 6 个院子里，让他们在小胡同的葫芦肚里熬过艰苦的 8 年沦陷岁月。这是由文学记忆孕育出来的艺术力量。

（二）老舍的"京味儿"文学还表现在他的语言风格上。

在他数百万字的小说和戏剧里，不但人物对话是用北京民间口语来写，景物的描写、情节的铺陈与过程的叙述，用的还是老百姓口语中的语汇，一些语法的使用也是北京所特有的。他用毕生努力追求、实践着用现成的北京民间口语去写小说和戏剧里的一切。经过几十年不间断地对北京口语的提炼、净化，反复选择、过滤，北京口语成为他最得心应手的文学创作语言。武汉大学曾用电子计算机对《骆驼祥子》的文字进行过统计，结果是这本小说共使用了 2411 个北京口头常用字，这恰恰说明老舍是如何自如地把北京口语用作文学的书面语，而且是那么平易、简练。正如他在《戏剧语言》一文中所说："所谓语言的创造并不是自己闭门造车，硬造出只有自己能懂的一套语言，而是用普通的话，经过千锤百炼，使语言得到新的生命，新的光芒。""我们应当有点石成金的愿望，叫语言一经过我们的手就变了样儿，谁都能懂，谁又都感到惊异，拍案叫绝。"正因为此，他的作品才如此贴近大众，通俗易懂，生动有趣，简练上口，雅俗共赏，至今仍然时常活灵活现在北京的话剧舞台上。

老舍一生 67 年中，在北京度过了 42 年，最后在北京去世。在他从事写作的 41 年里，大部分时间并不在北京，只有新中国成立以后的 17 年，是真正在北京度过的。但不论在济南、青岛、重庆，还是伦敦、纽约，他都一刻不停地在写北京。他想北京，他的心始终在北京。像大海之于老舍所最喜欢的英国作家康拉德一样，北京也是他的海，是他永不枯竭的写作源泉。

如今，老舍先生已经离去 49 年了。丹柿小院里的柿树依旧挂红，菊花依旧飘香。我常想，无论谁想了解北京，可以先从了解老舍的北京开始。因为老舍的北京记忆已经在他的文学里成为永恒，而这座小院无疑是通往这个丰富的记忆宝库的桥梁。您不妨先到这座丹柿小院里来，走进与感受老舍的文学世界，触摸和体会小院里浓郁的文学韵致。在这里，文学、记忆与博物馆三者是和谐一体的，它是那么地符合"文学与记忆"。

作者系老舍纪念馆副馆长

宋庆龄与她的文化界朋友们

李雪英

抗战胜利前夕，1945 年 5 月 3 日，宋庆龄在"陪都"重庆寻访多名文化界知名人士，在一本《鸿雪因缘》为题的纪念册上题字作画，赠予盟军总参谋长史迪威将军的副官——美籍华人杨孟东上校。完成这本珍贵的纪念册时，宋庆龄附上了一封英文书信，信中说："这是最好的纪念品，因为它包括了当今中国最好的学者和诗人的手迹。"她还谦虚地说："鉴于我的书法不好，不能与诸位名家作品并列一起，为此我已请求沈钧儒先生代为这本册页封面题笺'鸿雪因缘'，其意为一种友谊的纪念品。""鸿雪"语出苏轼的诗《和子由渑池怀旧》："人生到处知何似，应似飞鸿踏雪泥。泥上偶然留指爪，鸿飞那复计东西。""鸿雪因缘"用来比喻虽然人生无定，但是往日的友谊留在记忆中，留下的踪迹就如飞鸿在雪地上踏出的印迹一样，是难以磨灭的。那么，在宋庆龄的心目中，哪些学者和诗人堪称"最好"呢？翻开这本发黄的册子，可以看到 19 幅作品，出自沈钧儒、于右任、郭沫若等 19 位名家之手。

宋庆龄首先提到两位文化界人士，因为他们与鲁迅有关，一位是"鲁迅的得意门生"胡风，另一位是"鲁迅的老朋友、同乡"孙伏园。鲁迅是宋庆龄的好友，早在 1932 年 12 月，宋庆龄就与鲁迅、蔡元培、杨杏佛等发起组织中国民权保障同盟，同国民党反动派进行斗争，保护和营救共产党党员和反蒋爱国民主人士。在《中国民权保障同盟的任务》中，可以看到宋庆龄和鲁迅他们这样说："从土牢里拯救上万的政治犯是本同盟的一桩重大的任务”，“不是革命在中国胜利，就是帝国主义征服和瓜分中国。别的道路是没有的”，“建立中国的统一、独立和完整，以及人民自治的权利。”中国民权保障同盟就是“达到这个目标的工具之一”。

1933 年 2 月 17 日，鲁迅等人陪同宋庆龄与英国作家萧伯纳共进午餐，下午出席记者招待会。当时，萧伯纳乘“不列颠皇后”号轮船到上海，表示“过沪本无意登岸，仅想一晤孙夫人”。后在杨树浦码头登岸，到宋庆龄寓所拜访。他们共同探讨中国的形势，谈到了高尔基及其他世界知名作家。萧伯纳提到国际联盟里的国际知识合作委员会，认为世界上知识分子如果能“利用这个工具来反对战争，也许比另外组织一个会议来得有效”。

1933 年 5 月 13 日，为抗议德国法西斯对德国进步人士与犹太人民的迫害，宋庆龄与鲁迅等到德国驻上海领事馆递交《对德国迫害进步人士与犹太人民的抗议书》。他们指出：“中国民权保障同盟是反抗中国的恐怖、争取中国人民的民权和人权、并与世界进步力量联合在一起的，它对于现在统治着全德国的恐怖和反动，感到非提出强有力的抗议不可。”文中列举德国法西斯政权建立以后迫害进步人士与犹太人民的种种事实后说：“为了人类、社会和文化的进步，为了努力协助保持人类和各种运动所得到的社会与文化的成果，中国民权保障同盟坚决地抗议上述的事实……我们抗议这些对付德国无产阶级与进步思想家的可怕的恐怖手段，因为这摧残了德国的社会、学术和文化生活。”

1936 年 6 月鲁迅病重之际，宋庆龄非常关心他的病状，她致函说：“我恨不能立刻来看看你，但我割治盲肠的伤口至今尚未复原，仍不能够起床行走，迫得写这封信给你！我恳求你立刻入医院医治！因为你延迟一天，便是说你的生命增加了一天的危险!!你的生命并不是你个人的，而是属于中国和中国革命的!!!为着中国和革命的前途，你有保存、珍重你身体的必要，因为中国需要你，革命需要你!!!”

鲁迅逝世后，宋庆龄、茅盾和毛泽东、蔡元培、沈钧儒、史沫特莱等人共同组成治丧委员会。宋庆龄、茅盾等人还联名致信罗曼·罗兰、伐扬·古久列等国际友人说：“也许你们已经从新闻报道中得知，被人们称为中国的高尔基和中国的伏尔泰的鲁迅先生，于 10 月 19 日去世。鲁迅的去世使中国人民失去了一位杰出的、令人敬仰和爱戴的作家。他因为勇敢地、永不止息、毫不妥协地同仍以中世纪的恐怖手段统治中国的封建势力斗争，而在中国各地各行各业的人们心中占有重要的地位。因为有了鲁迅，覆盖中国大地的黑幕露出光亮的一角，他指给中国人民新生活的前景。作为民族的良知，他的精神之火灼痛那些尔虞我诈、尸位素餐的无能之辈。因为他无情而又无畏地揭露腐败和欺瞒，他的生命常受到威胁。鲁迅已成为争取自由的民族革命斗争中人民大众的一面旗帜。在我们沿着鲁迅开创的道路前进的途中，这面旗帜永远不会被忘记，而是要被高高地举起。虽然生为中国人，但鲁迅属于全世界，一切为自由和博爱而奋斗的人们，他都寄予深切的同情。"

宋庆龄认为，鲁迅"提出劳动人民必须获得个性的解放……这使他成为伟大的民族战士，同时也成为伟大的国际主义战士"。鲁迅逝世后，宋庆龄积极发起纪念鲁迅活动，要"把他的那种求中国民族解放的斗争精神，扩大宣传到全世界去，而帮助完成他未完成的事迹和伟业"。在北京后海北沿寓所，宋庆龄一直在书房挂着鲁迅的诗"横眉冷对千夫指，俯首甘为孺子牛"，表达深切缅怀和纪念。

1937 年 7 月 18 日，鲁迅纪念委员会成立大会在上海举行。宋庆龄被会议推举为鲁迅纪念委员会主席，茅盾、郭沫若以及美国记者史沫特莱、埃德加·斯诺等 70 余人为委员。同年 7 月 28 日，上海文化界 500 余人集会，正式成立上海文化界救亡协会（简称文协），宋庆龄与茅盾等 83 人被大会推举为协会理事。大会通过收复失地、制裁汉奸、扩大救国宣传等案，并发表宣言。

上海沦陷后，宋庆龄到香港继续开展纪念鲁迅活动。1938 年 11 月 22 日，宋庆龄和茅盾等人一起出席在香港铜锣湾孔圣堂举行的鲁迅逝世两周年纪念大会。也是在这一年，宋庆龄在香港发起成立保卫中国同盟，为抗战募捐和宣传。直到香港沦陷前夕，她才乘坐最后一班飞机离开。根据 1941 年中共中央南方局书记周恩来的来电指示，八路军驻香港办事处主任廖承志组织营救了在香港的著名文化人士和国际友人，其中包括茅盾。从香港到重庆后，她应邀出席苏联驻华大使馆为庆祝十月革命举行的招待会等活动，共同发起重庆文化界纪念鲁迅先生逝世九周年纪念会等，常常与郭沫若、茅盾、老舍他们会面。

在重庆开展"保盟"工作期间，宋庆龄募集大批医药物资运往延安，得到美国史迪威将军和他的副官杨孟东的大力支持。为了表示感谢和珍惜，宋庆龄寻访重庆的文化名人为杨孟东留墨，她想到了当时已成为国民党统治区文化界革命旗帜的郭沫若。郭沫若早年赴日本留学，后弃医从文。1926 年参加北伐，任国民革命军总政治部副主任。1927 年参加了南昌起义。对于宋庆龄为捍卫孙中山先生"联俄、联共、扶助农工"三大政策，与国民党右派决裂，坚定支持中国共产党的言论和行动，郭沫若深为敬仰。1927 年革命陷入低潮之后，宋庆龄远赴苏联和欧洲，郭沫若也流亡日本，埋头研究中国古代社会。1937 年郭沫若回国，从事抗日救亡运动，在上海就加入过宋庆龄领导的鲁迅纪念委员会。当郭沫若拿到宋庆龄送来的这本纪念册时，他欣然提笔，专门为杨孟东先生创作了一首诗：

> 长袍广厦诗人愿，陋巷箪瓢圣者心。
> 安得新民登衽席，九州欢歌杏坛琴。
> 民纪卅四年四月十三日 偶成　书奉
> 孟东先生 雅正　郭沫若

"长袍广厦诗人愿"出自杜甫《茅屋为秋风所破歌》："安得广厦千万间，大庇天下寒士俱欢颜，风雨不动安如山。""陋巷箪瓢圣者心"出自《论语·雍也篇第六》："子曰：贤哉回也，一箪食，一瓢饮，在陋巷，人不堪其忧，回也不改其乐。贤哉回也。""安得新民登衽席"出自章炳麟《致南京参议会论建都书》："国维四固，安于泰山，出于水火而登之衽席，则其幸耳。"郭沫若的诗译文如下：古有杜甫广厦庇寒士之愿望，颜回乐陋巷箪瓢之圣贤。今何时拯救苍生出水火，过得太平安居日，到那时举国歌欢庆、文人喜奏琴。宋庆龄非常喜爱郭沫若的这首诗，她在致杨孟东的信中提到，"这是郭沫若特别为你写的"，提倡"文化民主"。

　　抗日战争胜利后，宋庆龄将保卫中国同盟更名为"中国福利基金会"。她回到上海开展工作，受到很多文化界人士的爱戴、尊敬和支持。1945 年，著名画家徐悲鸿作《奔马图》一幅，赠送宋庆龄。宋庆龄十分喜爱，在上海寓所珍藏多年，后将这幅作品转赠给早年就追随孙中山参加革命的林介眉之子林国才。1946 年 5 月 31 日，梅兰芳参加了宋庆龄为饥民募集捐款举行的义演。开演之前，宋庆龄发表了题为《平剧义演的意义》的讲话，指出："诸位今晚到此参观义演，请不要忘记，就在这个时候，诸位有千百万同胞正受着饥饿和疾病的交迫而在朝不保夕。我们今晚的募款，对于这些在战争中流离失所的受难者，不过略尽绵薄而已。""我们不可等明天才开始兑现这个计划，我们马上就要开始，就在今晚八时四十九分开始。而我们大家都要负起推动这个计划的主要责任。"

　　1947 年 8 月 9 日，宋庆龄领导的中国福利基金会建立文化工作者福利基金，由郭沫若担任主席，茅盾担任副主席。这一年 10 月 1 日，宋庆龄主持的中国福利基金会在上海林森西路 338 号中央银行俱乐部举行中秋游园会，募集文化福利基金。宋庆龄一到场，就受到全场热烈的鼓掌，使得舞台上的表演也停了一下。有几位在八年抗战的辛劳中贫病交困的文艺工作者，激动得流下热泪。宋庆龄致了简短的开幕词，还捐赠孙中山的遗物在游园会义卖。郭沫若、茅盾等所捐赠的物品，也在游园会义卖。

　　1949 年 9 月，宋庆龄应邀北上参加政协会议，当选为国家副主席，成为新中国的缔造者之一。此时，与宋庆龄志同道合的文化界朋友们也来到了北京这个新中国的政治文化中心，比如曾经担任中国福利基金会文化工作者福利基金主席的郭沫若、副主席茅盾，多次与宋庆龄共同参加纪念鲁迅先生等活动的作家老舍，赠送画作《奔马》给宋庆龄的著名画家徐悲鸿，参加宋庆龄组织的平剧义演的京剧艺术家梅兰芳……因工作需要，宋庆龄在新中国成立以后长期住在北京，先后搬迁到方巾巷、前海西沿和后海北沿寓所。她的朋友们也住在这里，即今天的北京城二环路内的中心区域。在这里，他们有的创作出更多艺术作品，有的担任了文化界领导职务，共同为建设新中国、推动世界和平作出了新贡献。

今天，虽然 20 世纪的伟大女性宋庆龄和她在文化界的朋友们都已经逝世，但是他们的民族精神和文化遗产却得以永远留存。他们的故事世代流传，他们的作品成为经典，他们的故居（纪念馆）被完好保存着。孙中山、宋庆龄的同志和战友——推动国共第一次合作的中国共产党早期创始人李大钊的故居也在这里保存着，因篇幅所限，本文不再赘述。

近十余年，在这些名人故居中工作的人们，肩负使命，团结奋斗，弘扬他们的爱国主义精神，讲述他们的感人故事，十多年来坚持联合举办展览、讲座，不仅在首都社会各界产生良好反响，还把巡展送到全国各地、世界各国，为实现中华民族伟大复兴作出新贡献。

作者系宋庆龄故居管理中心副研究员

短暂接触

——在与八家名人故居联盟相识的日子里

杨玉莲

　　八家名人故居联盟从发起到 2015 年已经走过了 16 年历程，与世上任何事物发展规律相同，16 年间经历了从小到大、从单一到多样、从不成熟到成熟、从国内到国外多个阶段，影响力逐年增长，成为北京文博界不可多得的具有探索精神的活动品牌，可喜可贺。幸运的是，2013 年 7 月到 2015 年 7 月，因工作调整我来到老舍纪念馆工作，与八家名人故居联盟开始了一段亲密接触的光景，参与八家活动的经历给我留下了深深的印迹与感受。

　　经过 16 年的锻造，我认为八家名人故居联盟取得的重要的成果可以这样归纳：它已成为一个相对成熟且有影响力的文化活动品牌。它的成熟和影响力体现在：一是找到了 20 世纪文化名人与当今时代的契合点。把握住了这些名人的精神实质和思想精髓，并且把他们所代表的这种精神用纪念馆特有的方式展现出来，得到了民众的认可，使文化名人具有的思想和精神在当代熠熠生辉，名人故居的价值也就得到了具体的体现。比如举办的《文化名人与中国梦》《文化名人与北京精神》《文化名人与家风》展览系列，还有 2015 年举办的《文化名人与纪念中国抗日战争暨世界反法西斯胜利 70 周年》，紧扣时代主题和社会主义核心价值观，充分体现了这一特点。

　　二是形成了一种相对成熟的合作模式。八家隶属关系复杂，合作难度非常大。但是在北京市委宣传部、北京市文物局的大力支持下，在八馆的共同努力下，逐渐形成了一种合作模式。特别是各馆已有共识，能够始终把八馆联合活动作为各馆重要工作，纳入单位的议事日程，从体系上给了八家能够持续开展活动的重要保证。目前，北京地区博物馆已经达到 171 家，但由于种类繁杂、大小不一，各博物馆的整体水平和各项工作的开展很不平衡。八家名人故居联盟活动的探索与取得的成绩，为博物馆特别是同类型博物馆和小型博物馆的合作，提供了一种可以借鉴的发展模式。

三是八家在对外宣传上作了一些有益的探索。提高中国在国际上的影响力，有政治、经济、军事、文化等诸多因素，其中文化的影响力是长远而根本的。对外文化宣传是博物馆的重要职责之一。目前博物馆在对外宣传上，重点还是在传统文化方面，比如古建、瓷器、玉器、古代乐器等，但是传递中国主流价值观方面的展览并不多。八家名人故居联盟正是利用自身独特优势，以各国民众都接受和认可的方式，宣扬我们的爱国精神、情操、品格等，把中国的主流价值观带出去，这一点特别值得去思考。

如何贯彻落实习总书记关于文化建设特别是关于传统文化和文物保护的重要论述，是当前博物馆行业承接的政治任务，也是八家名人故居联盟所面临的重大课题。虽然已取得了很大成效，积累了很多经验，八家名人故居联盟仍然有一个适应新形势和新任务、创新手段、提高水平的问题。今后如何发展，我认为首先需要在思路上有一个清晰的概念，重点可以把握以下三个方面：一是学习领会习总书记关于文化软实力、关于传统文化和文物保护的重要论述，将博物馆提升为凝聚中国力量、共筑"中国梦"的重要载体和平台，赋予它新的历史使命和时代担当。八家名人故居联盟应该从这样的高度谋划今后的工作。二是牢牢把握首都战略定位，着眼建设全国政治中心、文化中心、国际交往中心、科技创新中心。博物馆和纪念馆是建设文化中心的重要载体，为八家名人故居联盟的深度发展提供无限的可能性。三是经过 16 年的磨合，八家名人故居联盟积累了经验，培养了队伍，创立了品牌，有了社会影响力，在挖掘自身优势、发挥博物馆作用上有着积极的探索和实践，这是八家名人故居联盟所拥有的不可多得的财富。

今后八家名人故居联盟依然需要坚持立足于民族文化和民族精神的展现，体现社会主义核心价值。在这个大的主题下，结合新形势、新要求，可以在以下几方面进行思考和探讨：一是从城市战略的角度出发，把八家名人故居联盟作为城市名片进行打造。八大文化名人本身具有非常厚重的历史人文价值，有着作为城市名片的基本元素。城市因为名人的存在才具有灵性，合适的城市名片会提升一个城市的整体形象、文化内涵和文化特色。

二是把文化产业作为八家名人故居联盟活动的重要组成部分来推动。新出台的《博物馆条例（草案）》首次提出，鼓励博物馆挖掘藏品内涵，与文化创意、旅游等产业相结合，开发衍生产品，增强博物馆发展能力，这无疑为博物馆发展文化产业提供了政策依据。八家中无论是人物、藏品还是建筑，都有着相当浓厚的文化信息，应该跟上形势要求，发挥自身的文化特色和优势，创建自己的文化品牌，促进八家的深度合作。

三是积极探索和推出八家名人故居联盟与中小学生群体对接的新模式。新出台的《博物馆条例》中，把博物馆的教育职能放在首位。2014 年国家文物局也启动了"完善博物馆青少年教育功能试点"，委托15 个省（自治区、直辖市），组织省内博物馆开展试点工作，北京地区是试点之一。2015 年教委出台政策，所有课程都需保证 30% 的实践课。名人故居因为它所承载的特殊文化属性，越来越成为中小学生实践课的重要基地。

四是发挥八家名人故居的联盟示范作用，引领更多的故居加入到共同发展的队伍中。北京名人故居数量较多，据最近一次统计有 166 处。由于多种原因，多数目前还无法充分发挥作用。八家名人故居联盟经过16 年的探索，走出了一条独特的路子，对其他名人故居提供了有益的借鉴。八家名人故居联盟可以给大家以思路、做法上的指导，或是条件允许情况下，逐渐扩大自身队伍，将其他故居纳入进来，共同发展。

最后以八家名人故居联盟为纪念合作 15 年而出版的《中国精神大家风范》一书《后记》中所写的一段话作为结束语："15 年对于北京八家名人故居联盟的合作来讲远远不是终点，更不是坐享其成的时

刻。15 年仅仅只是一个新的起点，一个迎接新挑战的起点，一个创造
更好明天的起点。相信我们未来会越来越好！"

作者系北京市文物局宣教中心主任

走进东非
——肯尼亚展览巡礼

郭丽娜

金秋的北京天高气爽，忙碌的人们或者登香山观红叶，或者挤闹市看银杏树叶，都希望抓住秋天的尾巴，尽享一年中最后的自然美景。然而，10月下旬北京的天气也琢磨不定、变化无常。尤其是2015年，人们还没有从秋意绵绵中走出来，就进入到寒风凛冽、寒气逼人的隆冬。诡异的天气瞬间演绎天上人间，叫人难以适应。就在这无所适从的变脸季节，北京八家名人故居联盟带着"中华文化名人展"的展览图片，走进东部非洲——肯尼亚内罗毕，举办一年一度的对外巡展。

2015年10月25日，北京晴，轻度雾霾。我与山东师范大学文学院博士生导师魏建教授打前站，于0：25先一步登上北京—卡塔尔航班，经多哈转机，于当地时间下午4：20抵达内罗毕国际机场。当地气温25摄氏度，人们夏装出行，毫无北京的寒冷，这让我对非洲有了初步的感性认识。已在机场等待我们多时的肯尼亚司机摩尼哈一眼认出我们，上车后直奔酒店。我带着对非洲贫穷、落后的固有印象乘上中巴车，行驶在机场通往市区的道路上。

摩尼哈说一口流利的英语，服务于一家中国公司已经7年。在一路的交谈中，我们知道肯尼亚是英联邦国家，英语是官方语言。全年季节只有夏季和雨季，冬天最低气温在十几摄氏度，夏天最高气温也只有30摄氏度，年平均气温25摄氏度左右……这些在书本里的常识经摩尼哈描述，变得清晰可见。我亲眼看到车窗外满目绿植和盛开的说不上名的好看花草，还有高耸的摩天大楼。道路上尽管车水马龙，但司机文明有序地驾驶。这一切完全颠覆了我对非洲的固有印象，内罗毕——非洲小巴黎之称不负盛名！

我们当天下午要与主办方之一的内罗毕大学孔子学院院长撒德全教授、肯尼亚华商协会郭先生在酒店会谈，主要商谈活动计划，尤其是落实出席第二天开幕式活动成员。两位先生如期而至，我们就这次活动第一次面对面交换信息，大家铆足了劲要把这次展览办成有影响的中非文化交流活动。不知不觉夜幕降临，送走两位合作伙伴，我们又驱车赶往另一个合作单位落实访谈任务。回到酒店已是当地时间夜里 12 点，北京时间凌晨 5 点。此时，我仍没有丝毫睡意，因为整个活动就像胶片，一一在脑海放映。这是活动牵头人的苦恼，也是牵头人的幸福，我享受这种焦虑，因为成功包含着这份焦虑。

10 月 26 日一早，经过 24 小时飞行，转机抵达内罗毕的 9 位同人，一下飞机没有去酒店洗漱，而是直奔内罗毕国家博物馆布置展览。在北京郭沫若纪念馆赵笑洁副馆长的指挥下，大家各就各位，拆包、打钉、挂展、调试，一派忙碌。负责对接我们活动的内罗毕国家博物馆展览部主任莉迪亚女士，看到我们如此默契而高效率的工作，发自内心地称赞道，这就是中国效率！

大家齐心协力劳作，不到下午两点，展览就布置完毕。由于 26 日是周一，受邀参加开幕式的嘉宾，建议开幕式放在下午 4：30，利用这段宝贵时间，我们仔细参观了这个中东部非洲最著名的博物馆。

国家博物馆位于内罗毕市中心，院内植物成林。展陈楼、办公楼围成一个半圆，把楼房功能切分得非常清晰。展览陈列有人类、鸟类、海洋生物起源和地质演变等方面的展品，以及古代地图和绘画等。禽鸟馆非常漂亮，数十排玻璃柜内展出了 900 多种鸟类标本，制作逼真。据工作人员介绍，1910 年，该馆由东非自然历史协会发起修建，60 年代扩建。除总部内罗毕展馆外，还下设 16 个地区博物馆和几处历史遗迹陈列馆。在陈列馆内，我们还看到展出的数十件肯尼亚海岸出土的中国古代文物，包括青花瓷盘、瓷瓶和茶具，有的已经破碎，但是"大清嘉

靖年制""大清"和"长命富贵"等字依然可见。顺便提一下，10 月
29 日，在得到馆长许可后，我们幸运地进入到不轻易对外开放的神秘
圆形楼宇——考古收藏楼。此楼有通道与展览楼相接，在这栋迷宫般的
楼里，我们近距离观看到各种化石，更有幸看到肯尼亚国家博物馆的
"镇馆之宝"——"图尔卡纳男孩"古人类化石。该化石是一个有着
160 万年历史的人类化石，也是迄今为止世界上发现的最完整的一具古
人类化石。

下午 4：30 开幕式如期举行。参加开幕式的肯方嘉宾有肯尼亚国家
参议院副议长金比（Kimbe Gitura）、肯尼亚国家博物馆馆长吉布贾
（Mzalendo Kibunjia），中方人士有肯尼亚内罗毕大学孔子学院院长撒德
全，以及东非华侨商协会主席、内罗毕广东商会副主席等各方友好人士
共 100 余人，撒德全院长应邀出任活动主持人兼翻译。

开幕式在肯尼亚国家博物馆一层大厅举行（图四）。首先致辞的是
肯尼亚国家博物馆吉布贾馆长。他说："我们为来自中国北京的'中华
文化名人展'选择在内罗毕国家博物馆展出感到自豪，这是中国朋友
对我们的信任。肯尼亚和中国都是历史悠久的文明国家，肯尼亚考古发

图四   "中华名人展"肯尼亚展览开幕式

现了迄今为止世界上最古老的人类头盖骨化石，距今已有 280 万年，人类起源于非洲是世界所公认的。来到肯尼亚举办展览，就要选择国家博物馆，因为这里是国际文化交流的平台，每年都会迎来世界各国的文化友好代表团，在此举办形式多样的展览和活动。今天是我们第一次举办'中国文化名人展'，希望以后能接待更多这样的展览，以帮助肯尼亚人民了解中国。我们更希望通过你们，把肯尼亚辉煌灿烂的非洲文明带回中国，把你们所见到的真实的肯尼亚告诉中国朋友，这里不仅有野生动物，更有古老文明！"

接下来是"中华文化名人展"代表团梅兰芳纪念馆刘祯书记发言。他说："这是我们第一次来到肯尼亚，来到非洲举办'中华文化名人展'。对此我们感到十分高兴和荣幸。我们想借此机会进一步加强我们与肯尼亚和非洲同行的交流与合作，并向兄弟的肯尼亚人民和非洲人民表达我们崇高的敬意和美好祝愿！……对中国人来说，肯尼亚是一个极为友好和亲切的国家，非洲是一个极为友好和亲切的大陆。中国与肯尼亚、中国与非洲有着深厚的传统友谊。早在 1403 年至 1433 年，中国著名航海家郑和就曾率领他的船队来到过非洲，来到过肯尼亚，并且留下了许多佳话。自 1963 年 12 月 14 日中肯建交以来，两国友好合作关系发展顺利，成果丰硕。……中肯两国教育文化旅游合作深入拓展，两国人民交流更加活跃，中国已成为肯尼亚在亚洲的第二大游客来源国。肯尼亚也是中国在东非的重要合作伙伴，近年来双方在经贸、文化、教育等领域的合作不断加强。2005 年 12 月，中国在肯尼亚首都内罗毕建成了非洲第一所孔子学院并开课。2006 年 2 月，中国国际广播电台在中国境外开设的第一家调频广播电台在内罗毕开播。2013 年 8 月，肯雅塔总统对中国进行了成功的国事访问，双方宣布建立中肯平等互信、互利共赢的全面合作伙伴关系。……我们还希望借着此次访问肯尼亚的机会，进一步了解肯尼亚的悠久历史、灿烂文明和贤达名人，以及肯尼亚独立以来所取得的成绩和进步。相信我们还有机会充分感受和体验肯尼亚民众对中国的友好之情，为此我们备感荣幸和骄傲！"

最后致辞的是肯尼亚国家参议院副议长金比，他高度赞扬此次中肯文化交流。他说："不同国家与民族都拥有各自独特的文化。对于交流的双方而言，虽然文化不同，但通过本次展览这样的文化交流，能够加深彼此间的了解，从而增进两国人民的友谊。肯中文化交流可以追溯至公元 15 世纪，目前已经进入到一个崭新的历史时期。今天的肯尼亚与中国已建立起了强大的文化和商业联系，不仅如此，我们在文化上的交流也日益频繁，一些肯尼亚学校还纷纷开设了汉语班。肯中双边贸易合作、文化和基础建设方面的交往经受住了时间的考验，肯尼亚人高度赞赏中国作为发展中国家的代表在当今世界所承担的责任及其发挥的作用。我们与中国的伙伴关系超越贸易和商务，已经可以用文化来帮助弥合我们的分歧。这次展览的目的就是加强文化交流，可以说把肯中文化合作推向了新的高度。中国致力于加强与肯尼亚的文化交流，是因为我们两国有着共同的愿景，此次内罗毕展览将提升中国与肯尼亚文化合作的新水平，为此，肯尼亚荣幸地举办了这个描绘 20 世纪为中国的崛起作出了巨大贡献的'中华文化名人展'。我们相信，被 13 亿人口选出的这 8 位具有高度代表意义的文化名人，定能帮助肯尼亚人更好地了解中国，了解中国文化！"

开幕式在热烈友好的气氛中进行，随着致辞结束，四位靓丽的肯尼亚姑娘身着中国旗袍，手托大红彩球站到嘉宾面前。主持人宣布嘉宾剪彩，顿时，大厅里响起经久不息的掌声。之后，意犹未尽的内罗毕大学孔子学院的学生为来宾演唱了中文歌曲《肯尼亚、中国是一家》《同一首歌》，将活动推向高潮。展览在内罗毕国家博物馆展出一周后，移师内罗毕大学孔子学院继续巡展，展板最终留存校内，用于汉语教学（图五至图七）。

在肯期间，我们还按计划分别拜访了国家博物馆馆长吉布贾、内罗毕大学副校长 Henry W. Mutoro 和 Isaac Meroka Mbeche。

我们在与国家博物馆吉布贾馆长就两国进一步文化交流举行意向会谈时，随团前往的北京市文物局副局长向德群向肯方提议，希望引进肯尼亚展览到北京首都博物馆展出，让北京市民了解国际最新、最前沿的考古成果。吉布贾馆长欣然接受并激动地回应道，加强与中国的合作已

图五　"中华名人展"肯尼亚展览开幕式

图六　"中华名人展"肯尼亚展览

图七　肯尼亚观众在参观展览

经是我工作的一部分，中、肯都是文明古国，留下了不胜枚举的世界遗产。我希望通过交流展示，让两国人民共享人类文明进步的硕果。吉布贾馆长当即表示，将在适当时候安排签订双方展览备忘录。

10 月 28 日，内罗毕大学两位副校长分别在他们的办公室接待了我们。副校长 Henry W. Mutoro 是一名中国通，他每年多次往返于内罗毕和广州，亲眼目睹了中国城市的日新月异和人民精神面貌的变化，对中国的发展充满赞赏。副校长 Isaac Meroka Mbeche 主管学校的孔子学院，他对孔子学院给予高度评价，认为孔子学院对加强中肯文化交流作出了积极贡献。他自己也喜欢汉语，计划用两年时间达到无障碍汉语会话。

最后一站是与内罗毕大学孔子学院老师座谈交流，魏建教授为全体老师讲授了《如何传承传统文化》。讲座引用中国太极，形象生动地解释了中国文化传承中的借力、发力，博得全体老师的赞赏。我们也倾听了老师们为了国家的发展战略，远离祖国，远离亲朋好友，克服重重困难，在异国传播中国文化的诉求。他们为国立命，小我大国的拳拳报国之心，深深感动了我们每一位成员，使我们更加感受到，国家要发展，对外宣传必不可少，更坚定了我们以后不管遇到什么困难，都要尽可能地把对外巡展活动坚持下去的决心。

由北京八家名人故居纪念馆联盟、肯尼亚内罗毕国家博物馆、内罗毕大学孔子学院联合主办的"中华文化名人展"走进非洲巡展活动圆满结束了。我们一行7人（4位同人已于10月28日回国）于当地时间10月29日晚上10∶20踏上回国的旅程。

和往年一样，对外巡展留给我们很多感想、经验和体会。要成功办好一个展览，需要具备多种条件。首先是外部条件。随着国家实力增强，对外影响力不断扩大，我们的展览也越来越受到友好国家的青睐和重视。由于世界范围的汉语热不断升温，许多国家民众对了解中国文化有着越来越强烈的意愿。语言障碍逐步缩小，对外展览受众更多，展览效果更好。

其次是内部条件。展览前期要做足功课，包括了解巡展国家的历史、现状，与我国的友好关系，选择去这个国家巡展的目的以及展览预期，等等。有了目标，一切围绕完成目标制订计划，并分头实施，这是我们对外展览屡屡取得成功的重要法宝。尽管此次巡展时间短、任务重，我们还是按照国家规定时间超额完成了任务。

北京八家名人故居纪念馆联盟，隶属于7个不同领域的上级单位，十几年来，能步调一致开展多项活动，首先得益于全体同人对博物馆工作的热爱，对自身工作具有崇高的敬业和奉献精神，更得益于北京市文物局、西城区委宣传部的大力支持。党的十一届三中全会以来，中国发生了巨大变化，一条重要经验就是坚持改革开放，积极学习并善于学习别人的先进成果。人类历史表明，任何一个封闭的文化系统，都必然走向衰落以至灭亡。只有实行改革开放，不断碰撞和交流，文化才能有强大的生命力，从而长盛不衰。正反经验充分说明，文化交流是通向文化繁荣、经济发达、国家富强的必由之路。我们每年一次"中华文化名人展"外展活动，正是践行这个理论，尽管困难重重，我们仍然会坚持下去。

作者系茅盾故居主任

民族精神永存

——北京八家名人故居纪念馆赴江苏泰州巡展随感

宋春燕

2015 年 11 月 5 日至 11 月 9 日，"文化名人与民族精神——纪念中国人民抗日战争胜利 70 周年"主题展览，走进江苏泰州学院图书馆，并举行了隆重的开幕仪式。这次展览活动是由中共北京市委宣传部、北京市文物局、中共泰州市委宣传部、首都博物馆联盟、北京博物馆学会、泰州市文广新局、泰州市凤城河风景管委会联合主办，由宋庆龄故居、李大钊故居、北京鲁迅博物馆、郭沫若纪念馆、茅盾故居、老舍纪念馆、徐悲鸿纪念馆、梅兰芳纪念馆以及泰州学院共同承办。中共泰州市委宣传部副部长黄林华同志在展览开幕式上致辞，并且参观了展览（图八、图九）。

展出的近 60 幅书画作品和 50 余件文物，吸引了大量莘莘学子和当地百姓前来参观，人们簇拥在展板或展出的文物前，专注浏览。宋庆龄故居提供的文物——孙中山先生生前的手模型，引起了许多参观者的兴趣。他们来到孙中山、宋庆龄的文物展柜前，好奇地伸出自己的右手，与孙中山的手形进行比较。这种陈列方法拉近了展品与观众间的距离，引导观众积极参与到展品互动之中，增强了展览的趣味性，收到较好的教育效果（图一○至图一二）。

这次展览选择在美丽的水城泰州举办，是因为泰州有着悠久的文明、深厚的文化积淀、独特的历史地位和文化特色。江苏泰州是一座有着 2100 多年建城史的历史文化名城。这里秦代称海阳，汉代称海陵，

图八   "文化名人与民族精神"泰州巡展开幕式

图九   中共泰州市委宣传部领导参观展览

图一〇　　大学生认真参观学习

图一一　　"文化名人与民族精神"泰州巡展观众观展

图一二　"文化名人与民族精神"泰州巡展观众观展

　　南唐设泰州,文昌北宋,兼融吴越楚之韵,汇聚江淮海之风。千百年来,风调雨顺,安定祥和,被誉为祥瑞福地,祥泰之州。这里享有中国宜居城市、全国双优模范城市、全国文明城市等美誉。

　　泰州在中国文化发展史上不仅是一座人文荟萃、名贤辈出的历史文化古城,还是一个有着光荣传统的革命老区。抗日战争时期,陈毅三进泰州,巩固了抗日民族统一战线,建立了抗日根据地。粟裕在苏中组织的"七战七捷"解放战役、彪炳史册的"黄桥决战"都在这里拉开战场,泰州人唱着《黄桥烧饼歌》浴血支前。1949年4月,张爱萍将军受中央军委之命,在泰州白马庙宣布中国人民解放军海军正式成立。人民解放军在这里开始了气势磅礴的渡江战役,解放了南京,宣告蒋家王朝覆灭。在这片热土上,记录了老一辈无产阶级革命家长期在此战斗、生活的史实,留下了诸多佳话。

　　"文化名人与民族精神——纪念中国人民抗日战争胜利70周年"展览,从不同视角集中展示宋庆龄、鲁迅、郭沫若、茅盾、老舍、梅兰芳、李大钊、徐悲鸿八位 20 世纪中华名人的生平事迹，以及他们留给人类的宝贵文化遗产。展出的近 500 幅历史珍贵图片，生动地讲述了20 世纪最伟大女性、新中国的缔造者之一、中华人民共和国名誉主席宋庆龄毕生投身于反对帝国主义战争、维护世界和平的伟大事业，以及她始终以中国人民的根本利益为出发点，与广大民众一起奋斗不懈，在民族独立、争取民主的旗帜下，为坚持和发展抗日民族统一战线，为举国抗日局面的形成，争取抗战的最后胜利作出的巨大历史贡献。

九一八事变爆发后，宋庆龄与蔡元培、鲁迅、杨杏佛等人在上海组织了"中国民权保障同盟"，积极营救政治犯，为争取人民民主权利进行了不屈不挠的斗争。她还组织"国民御侮自救会""中华民族武装自卫会""全国各界救国联合会"等抗日救亡团体。领导"救国入狱运动"，大力推动抗日救亡运动的发展。宋庆龄以自己的崇高威望，赢得了国际社会、国内民主人士和各界进步人士的信任和支持，同他们建立了深厚的革命友谊。

在鲁迅先生病重时，宋庆龄给他写信说："你的生命并不是你个人的，而是属于中国和中国革命的!!! 为着中国和革命的前途，你有保存、珍重你身体的必要，因为中国需要你，革命需要你!!!"鲁迅逝世后，她提议"通过鲁迅先生的葬礼来发动群众，搞成一个群众性的运动"。她亲自帮助料理丧事，并且参加鲁迅的葬礼，她加入了一万多人的送葬队伍，与广大群众一起走在队列中。国民党特务慑于她的威望，对葬礼不敢横加干涉，使得这次群众性爱国示威活动得以顺利进行。她在答《立报》记者问时讲道："鲁迅先生底死，我们便得拿他这种精神去宣扬给全国的民众，纪念他的办法，则是把他的那种求中国民族解放的斗争精神，扩大宣传到全世界去，帮助完成他未完成的事迹和伟业。"

展览还生动讲述了鲁迅、郭沫若、茅盾、老舍、梅兰芳、李大钊、徐悲鸿为中华民族的独立和民族复兴所做出的艰辛努力，他们或投身到火热的战斗之中，为民族的复兴殚精竭虑，甚至奉献出宝贵的生命；或以笔为战斗的武器，谱写出可歌可泣的传世名篇；或以画和曲传承中华民族不屈的民族精神。这次展览起到了陶冶心灵、鼓舞人心、丰富人生，推动文化名城加强精神文明建设的作用，为泰州人民提供了一次文化盛宴和精神大餐。

作者系宋庆龄故居管理中心社教部主任

朴素的展览人　创新的展览

——记忆中的"文化名人与民族精神"

赵文利

一　文化名人展览在密云博物馆的情况——创新的展览

密云博物馆举办的"纪念中国人民抗日战争胜利 70 周年——文化名人与民族精神"专项巡展活动，是本馆 2015 年临时展览中最有特点、也最有人气的。抗日战争深刻而久远地影响了中华民族的命运，广泛地激发了亿万大众强烈的爱国主义精神。在这个波澜壮阔的历史场景中，无数的文化名人奔走相告，全力以赴地投身到文化抗战的行列当中。密云博物馆引进这项展览，无论从规模、知名度还是影响力等方面，都达到了预期的效果。从密云观众积极参与的热情和社会公众良好的口碑来看，由北京八家名人故居联盟精心筹划的这场巡回展览，还是相当有看点和时代意义的（图一三）。

此次展览的内容，主要是以宋庆龄、李大钊、鲁迅、郭沫若、茅盾、老舍、徐悲鸿、梅兰芳八位历史名人的爱国精神为主线，将八位历史名人紧密串联。展览既有大量珍贵的历史照片资料，也有相关的文字描述，可谓图文并茂。观众可以直观地了解到这些文化名人当时的生活轨迹，感受他们虽然不是运筹帷幄的将军，也不是血战沙场的战士，但他们却用另一种方式驰骋在文化抗战的特殊战场。他们组织抗战宣传，

图一三   八家名人故居在密云区博物馆举办展览

推动文化统一战线，为抗战取得最后胜利作出了独特而巨大的贡献，为
近代中华民族的独立与自强而不懈奋斗，构筑了中华民族永远不倒的精
神长城。

2015 年正值抗日战争胜利 70 周年，密云博物馆以展览的形式，向
公众展示那些在抗日战争时期的文章、图片、回忆等历史资料，在大力
宣传抗战文化的同时，也是一次重要的爱国主义教育，可以极大地振奋
民族精神。这种精神，也是积极践行十八届三中全会的部署，实现中华
民族伟大复兴"中国梦"的时代精神。

二　观众对此展览的反应和社会效应——
振奋的展览

这次北京八家名人纪念馆在密云博物馆展出，可以说是一次公益之
旅，一次传承之旅。通过此次展览，让密云这个远郊区县进一步加深对
革命前辈丰功伟绩的缅怀，进一步加强对青少年的爱国主义和革命传统
教育，激发更多的有识之士来密云博物馆学习、参观，共同推动密云的
文化发展。密云博物馆着眼于弘扬红色文化，传承红色基因，在开展革

命文化传统教育、传递红色精神、培育红色品牌上下工夫，扎实有序地推进红色文化传承教育活动。

本次展览在密云 360 网上的点击率已高达 18000 余次，来馆参观的学生 5000 余人，普通观众 3000 余人，社会团体 10 个单位。通过这次展览，密云人民深刻了解到，宋庆龄从民族解放大局和人民利益出发，捍卫了中华民族的时代精神；李大钊、鲁迅虽未能亲历抗战，但却用自己的血泪铸造了新时代民族气节，鼓舞着民众抗敌的热情；郭沫若义无反顾地秘密回国，投身到战火的洗礼之中；茅盾、老舍、徐悲鸿、梅兰芳等诸位文化大师，也纷纷从不同的方面为抗战的胜利夯实了精神的基石。

这次展览的形式布局，不限于固定式的展出，而是采取全国巡回的流动模式，自 2015 年 "5·18 国际博物馆日" 推出以来，一站接着一站，通过不同地方的展览，在全国多个省市展示中华历史名人的精神和人格魅力，同时也向世界传播中华民族的成就。此次展览所展现的八位历史名人，受到了密云观众的认可。特别是中小学生，近距离了解我国的民族文化英雄，进而传承以爱国主义为核心的民族精神，发愤图强，为实现中华民族伟大复兴的中国梦而努力奋斗。

三　我的感受——教育的展览

留住文化根脉，守住民族之魂。2014 年 2 月，习近平总书记在首都博物馆参观北京历史文化展览时强调，搞历史展览，为的是见证历史、以史鉴今、启迪后人。要在展览的同时高度重视修史修志，让文物说话，把历史智慧告诉人们，激发我们的民族自豪感和自信心，坚定全体人民振兴中华、实现中国梦的信心和决心。

习近平总书记指示，要用 "活起来" 的文物，构造我们的民族之魂，为实现 "两个一百年" 奋斗目标、实现中华民族伟大复兴的中国梦，积聚复兴的力量。要对历史负责、对人民负责，更好地传承优秀传统文化，凝聚伟大民族精神。国家设立的抗日纪念设施和全国爱国主义教育示范基地，就是激发爱国热情、凝聚人民力量、培育民族精神的重要场所。

密云博物馆的价值不在于教化，而在于启蒙。学史可以明智，历史人文教育是一种综合性的素质教育，历史的生命和现代价值就在于：它可以使人们拥有一个很高的起点，去迎接新时代的挑战。挖掘悠久的人文历史资源，弘扬民族文化精神，品味大师的伟大人格，是提高青少年人文素质和科学素质的最直接、最现实的教育途径。同时，名人故居和伟人纪念馆更像是城市文化地图上的符号，承载的是文化，传承的是精神，也是我们密云人民需要加强的重要文化建设载体。

从时代意义上讲，北京八家名人故居和纪念馆联合策划巡展以来，名人故居联盟充分发挥出小而精的特色和人多力量大的优势，取长补短，举办了一系列具有鲜明时代主题的展览活动，既讲好了中国故事，也传播了中华文明悠久的历史。而密云博物馆举办这次活动，让密云观众得到了思想的进取、视野的开阔、价值观的升华，这次展览带给密云观众更多的启迪和精神的传递。

爱国主义教育是全民教育，重点是广大青少年，要把培养广大青少年的爱国主义思想，提高他们的爱国主义觉悟，引导他们树立正确的理想、信念和人生观、价值观，作为思想政治教育的重要内容。密云博物馆特邀京城八家名人纪念馆，就是要促进青少年了解中华民族的悠久历史，传承中华民族的优秀文化，培育青少年的民族自尊心、自信心和自豪感，树立成才报国的远大志向。

四　我对八馆的印象——朴素的展览人

为了让密云博物馆的教育功能得到充分发挥，真正成为公众精神享受的殿堂，让历史和科学的薪火不断地传承下去。郭沫若纪念馆的赵馆长、老舍纪念馆的杨馆长、梅兰芳纪念馆的刘主任、茅盾故居的郭主任和北京鲁迅博物馆的钱主任，忍受夏日的酷暑难耐，来到密云博物馆实地考察，并亲自设计陈列大纲，将所办展览与都市社会热点、历史底蕴、文化传承紧密结合起来，为观众送去更优秀的精神食粮。这次展览吸引我县人民走进博物馆，拓展了密云观众的视野，从而感悟传统文化的精神、地域文化的魅力。

在密云博物馆举办这次展览之前，我参观了老舍纪念馆。通过老舍纪念馆的杨馆长，我加深了对这位生在北京、长在北京、写了一辈子北京的人民艺术家、世界级文化名人、20世纪最杰出的作家之一——老舍的了解。老舍的第一篇习作《小铃儿》，通过小学生带有稚气的行动，表达了反抗外国侵略者的民族意识。在这以后，老舍写了不少直接揭露帝国主义侵略罪行的作品，还从不同侧面描写了经济、文化、宗教渗透和种族歧视带给中国人民的种种伤害。对于祖国的热爱，使他的爱国主义增添了新的内容和光彩，达到新的思想高度。强烈的民族自尊感和炽热的爱国主义，是老舍的高贵品格，也是他作品中宝贵的精神遗产。茅盾也从老舍最早的作品中，深切地感受到"对于祖国的挚爱和热望"。

作为继鲁迅之后的又一文化巨匠，郭沫若曾经取得巨大的成就，这种辉煌是一般文人所难以想象的，更是难以企及的。郭沫若毕竟不是一般的文人，他一生追求革命，新中国成立后曾官至中国科学院院长、中央人民政府政务院副总理、全国人民代表大会常务委员会副委员长等职。然而，这种炫目的光环也许掩盖了他的内心，郭沫若内心的复杂，特别是"文革"期间内心的纠结和煎熬，也是一般人所难以想象的。与郭老一生相知的周恩来，曾称他为"带着大家一道前进的向导"。

博物馆作为终身学习的课堂，是提升社会群体文化素质的重要载体。北京八大馆的丰富馆藏、精彩的展览、创新的活动和优质的服务，无不彰显着文明之光，他们是引领密云人民徜徉历史长河的文明津渡，他们是涵养美好心灵的精神家园。在此由衷地感谢老舍纪念馆的杨馆长、郭沫若纪念馆的赵馆长、北京鲁迅博物馆的钱主任、茅盾故居的郭主任和梅兰芳纪念馆的刘主任，联合其他几家名人纪念馆，为密云博物馆搭建了学习平台。

这次历史文化的交流，以及八大馆积极搭建的文化传播平台，为密云博物馆创新文化传播手段提供了学习借鉴。大力弘扬和传承优秀历史文化，能够直接反映我县的文化内涵，提升我县的文化品位，把悠久的历史和璀璨的文化更好地传承和发扬下去。密云博物馆力争推进文化创新，继续大力推进文化普及，满足密云人民日益增长的精神文化需求，更好地推动密云文化事业的发展。

作者系密云区博物馆馆长

继续为实现民族复兴而团结奋斗

——"文化名人与民族精神"展览走入重庆三峡学院随笔

李雪英

2015 年 11 月 26 日，"文化名人与民族精神"展览在重庆三峡学院开幕。25 日下午，笔者从重庆赶到万州，携带宋庆龄珍藏的孙中山选集（俄文版）、宋庆龄英文书信和孙中山手模，到三峡学院图书馆展厅布展。次日，与重庆三峡学院领导和其他各家故居（纪念馆）代表共同参加开幕式（图一四）。开幕式上，梅兰芳纪念馆秦馆长热情洋溢地

图一四　"文化名人与民族精神"重庆巡展开幕式

向莘莘学子致辞，激发热血青年的爱国心、报国志。在欣赏梅派演员刘亚新、刘维表演《贵妃醉酒》《西施》等经典京剧选段时（图一五），我的思绪不禁回到20世纪。那是1946年5月31日的上海，梅兰芳大师参加宋庆龄为饥民募集捐款举行的平剧（京剧）义演。开演之前，宋庆龄发表了题为《平剧义演的意义》的讲话，指出这次义演要对"在战争中流离失所的受难者""略尽绵薄"。当时，也是这般座无虚席、掌声雷动，也是这般凝聚人心、群情激昂。

图一五　重庆巡展开幕式上的文艺演出

热爱祖国是永恒的主题，民族复兴是当代的使命。当年，梅兰芳还有其他几位文化名人李大钊、鲁迅、郭沫若、茅盾、老舍、徐悲鸿是宋庆龄的好友，他们都是20世纪的爱国主义者，为中国革命和建设立下不朽功勋。他们生前都在中国的政治文化中心——北京工作和生活，如今，他们的故居都作为重点文物保护单位对公众开放。近年来，八家故居工作人员肩负使命、团结奋斗，弘扬他们的爱国主义精神，讲述他们的感人故事，坚持联合举办展览和讲座等活动，不仅在首都社会各界特别是青少年中产生良好反响，还把巡展送到全国各地、世界各国，为实现中华民族文化复兴作出新贡献，这是对八位名人、伟人最好的纪念。这次走进重庆三峡学院，就是 2015 年继新疆霍城、江苏泰州等地之后的又一次成功巡展（图一六、图一七）。

图一六　重庆三峡学院的学生参观展览

图一七　重庆三峡学院的学生参观展览

展览开幕后，我在"宋庆龄的民族精神"展区向广大师生和社会各界人士介绍展览。为加深大家的印象，我特别向学院师生介绍了孙中山首倡开发三峡和宋庆龄关心万县人民的故事。早在 1919 年，孙中山撰写《实业计划》，提出要"改良现存水路及运河"，"自宜昌而上，入峡行，约一百英里而达四川之低地，即地学家所谓红盆地也……改良此上游一段，当以水闸堰其水，使舟得溯流以行，而又可资其水力。其滩石应行爆开除去。于是水深十尺之航路，下起汉口，上达重庆，可得而致。"此文在《建设杂志》上发表后引起国际关注，英国工程师波韦尔来中国实地考察，并提出了《扬子江三峡水电开发意见》。1924 年孙中山讲"民生主义"时说："有人考察由宜昌到万县一带的水力，可以发生三千余万匹马力的电力，像这样大的电力，比现在各国所发生的电力都要大得多。"由此可见，万州（县）的三峡工程早在孙中山筹划方略中。1925 年，孙中山先生病逝，留下"和平奋斗救中国"的遗言，宋庆龄继承了孙中山遗志。1927 年 1 月，"万县惨案"发生后不久，宋庆龄乘船到达武汉，为创办湖北妇女党务训练班发表"敬告全国女界同胞书"，特别提道："最近的万县屠杀，这又是那帝国主义者来开端做导线了。"她号召大家团结奋斗，抵御外侮。这些与三峡、万县有关的爱国历史故事使师生备感亲切，对孙宋二人产生浓厚兴趣。

国家兴亡，匹夫有责。身为女性，何以报国？宋庆龄是八位名人中唯一的女性，她的伟大光荣的一生尤其对于女生具有特殊启发意义。在展览现场，我看到宋庆龄外在的美丽和内在的魅力吸引了众多参观者，特别是学院的女生，久久驻足，默默凝视，似乎在与宋庆龄神交意会。学院师生对于孙中山的手模很感兴趣，他们纷纷伸出手来，贴在孙先生的"手"上，近距离感受这位伟人的体征，体会宋庆龄对于孙中山"精诚无间同忧乐，笃爱有缘共死生"的爱情。我想，孙宋两位若能知见此情此景，定然会心生欣慰和赞许吧。

作者系宋庆龄故居管理中心副研究员

梦想·设想·感想

——重庆巡展学术讲座札记

张　勇

对于一个在平原住惯的人来讲，每一次来重庆感觉都非常强烈，这感觉既有对每天都雾蒙蒙天气的不适，也有对重庆道路崎岖多样的无奈。在重庆特别是冬天，能够见到阳光可以算是比较奢侈的事情，所以，重庆的居民楼上密密麻麻地凉挂着久未风干的衣物。在重庆的老城区能够有一条平坦的直路供你行走，肯定更是一件奢侈的事情，这里的道路永远都在转弯，按照正常的思维在这里行走肯定是要迷路的，因为转弯之后永远也不可能再回到刚才的起点了。当然，这一次去重庆同样也有新的感受，那就是进一步体验巴渝文化的深厚底蕴。

参加北京八家名人故居的巡展已经不是第一次了，在展览展示中给观众做学术报告也不是第一次，但是这一次却感受不同。2015 年 11 月 25 日，从首都机场起飞两个半小时后，飞机准时降落在重庆万州机场。也许你能想象得到机场小，但是设置在山顶上的小机场，估计你很难体验和感受。飞机停靠在了机场中心位置，走下舷梯放眼望去，万州的全貌尽收眼底。再仔细一看，原来万州机场就有一条飞机跑道，而且距离不长，能够在如此之地修建机场，也可看出重庆人独有的气概。从机场乘车前往本次巡展和讲座的目的地——重庆三峡学院，穿行于万州的盘山道路之间，再一次让我体验到了重庆道路的曲折幽深。明明刚刚经过某一建筑的前面，车开出 20 分钟后，你发现又一次到了这个建筑物的后面，虽然已走 20 多分钟的路途，其实还是在原地转圈，这使得我基本上失去了方向感。在前往讲座的路上，我一直在思索着坐落于这样地域中的高校究竟是什么样子的，他的学生应该有怎样的一种精神面貌。

"文化名人与民族精神——纪念抗战胜利 70 周年，北京八家名人故居进校园"重庆万州三峡学院的展览顺利开幕了。学生们的热情超出了我们的想象，他们在展板前仔细阅读，在实物前注目凝视，都使我们感到付出后的欣喜。受北京八家名人故居纪念馆联盟的委托，为配合此次巡展活动，我将在重庆三峡学院为该院传媒学院的师生作有关郭沫若的学术报告。报告的地点设在了该学院的新校区，车子穿过万州市区，不断地往郊区的山上驶去。从车窗望去，长江的轮廓越发清晰，弯曲绵延的长江像条玉带一样贯穿万州而过。夜色中的重庆三峡学院的新校区显得别有一番韵味。学校依山而建，校中有山，山中有校，校在山中，山在校里。

来到了报告厅中，看到了等待多时的学生，以前同样的情景便浮现在眼前，这对于在高校工作了十几年的我来讲是如此地兴奋，仿佛又回到了自己平净安心的教书生活一样。但是这一次，我还是感觉到与以往上课的不同（图一八）。

此次我报告的题目是《抗战时期郭沫若的文化情怀及启示》，为什么要选取这样一个题目作为学术讲座的内容呢？首先是为了配合"文化名人与民族精神——纪念抗日战争胜利 70 周年"巡展的主题而定的。"抗战"是本次巡展的主题，本次巡展展示的就是中国现代历史上以宋庆龄、鲁迅等为代表的八位文化名人，以自己高尚的人格操守和醇厚的文化底蕴，为中华民族的独立和复兴所作出的艰辛努力，他们或亲自投身到火热的战斗之中，为民族的复兴殚精竭虑，甚至奉献出了宝贵的生命；或以笔为战斗的武器，谱写出可歌可泣的传世名篇；或以画和曲传承了中华民族不屈的民族精神。通过此次展览，我们旨在进一步宣扬中华民族优秀的文化遗产，提升广大民众的文化认同和民族自豪感，进一步推进中华民族的伟大复兴。因此，配合此次巡展主题的文化讲座，也就是将某位文化名人在抗战时期独有文化情怀具体化的阐释。所以，我的讲座题目的时间范畴界定在了抗日战争这一时期。

图一八　重庆三峡学院的学生参加学术报告会

　　设置文化讲座的另外一个重要原因，是对于现在高校中有关现代文学基础知识学习的补充。在现在高校的文科现代文学史的学习和讲授中，受到教材编写和课时时间安排的限制，在对有关郭沫若内容的讲授上，讲"五四"新文化运动时期的居多，谈抗战时期的较少，叙述郭沫若"女神时期"诗歌创作成就的过浓，讲述郭沫若全面成就，特别是历史剧创作成就的较少。郭沫若在很多大学生的内心认知和知识体系中，基本上是一个现代白话诗人的存在，他的主要文学创作成就就是白话新诗的创作，而他在民族危难时期爱国情怀的具体表征和文化选择的方式途径，是现代大学生所不熟悉的。正是基于这样的考虑，我便确定了《抗战时期郭沫若的文化情怀及启示》这一题目。

　　对史实的阐述是我这次讲演的重点。"读史可以明鉴"，这是亘古不变的真理，但是由于现在高校的教学体系设置的历史原因，多实用课程而少人文培育，使得现代高校的学生们多技能人才，缺乏理论素养，这就造成了史学意识的淡漠。所以，我把郭沫若及中国现代文化发展的史实的阐释作为重点。比如，郭沫若的抗战历史剧方面，可能很多学生知道郭沫若写过哪些历史剧作品，但是这些历史剧写作的时代背景如何，如何理解这些作品的文化内涵，如何认识这些作品的社会历史价值和意义等方面都比较模糊。能记住的可能就是"借古鉴今、借古喻今"的创作手法。我通过 1937 年郭沫若归国后的一系列历史史实，告诉学生们，郭沫若的历史剧创作不能仅仅是用现代戏剧的理论来看待和分析，他的历史剧是文学创作、社会意识以及现实功用的高度统一和融合。而"演"更应该是郭沫若历史剧文化价值最突出的表现。我们不能只拿着书本去阅读郭沫若的历史剧，应该把它们放到舞台上，利用舞台的语言和舞台的设计去理解和感受它们的历史魅力。通过这样的讲解，学生们对我们所展示的内容会有更加深刻的理解。

启示性总结是我这次讲演的落脚点。现实针对性是学术讲座的重要特征，所讲的内容如何为听众服务，如何对他们有实际的帮助，也是讲演者必须要考虑的因素之一。郭沫若在现代文化史上是个成功的典型案例，而成功是学生们努力追寻的目标。那么，如何能够成功呢，如何借鉴已经成功人士的成功经验，我紧紧扣住这样的问题，借助于鲁迅和郭沫若成功道路不同的比较，阐释了要取得成功的主要原因，特别指出，每个人的成功都是不一样的，关键是要找到自己的道路。这样既符合学生们道路选择的需要，又契合学生们自我发展的要求。

有了讲稿之后，就要考虑到怎样进行讲解了。因学术讲座与一般的课堂教学不同，泛泛而谈肯定是不行的，教条地传授也是不可的，要在规定的时间内，将所讲述对象的最主要的特质讲解清晰，选择怎样的讲授方式尤为重要。对于郭沫若而言，诗性人生是他最大的特征，他的人生选择和文化情怀都拥有着诗人天生烂漫的气质，而诗歌讲述最好的方式无疑就是朗读了，因此，此次讲演我用具体的语言和生动的话语等方式来吸引学生。比如，讲述郭沫若时，朗读是最好的传授方式，我选取了郭沫若历史剧《屈原》的"橘颂"里的一段，用高亢的语调展示出了郭沫若创作这部作品的激昂的情感。这样，学生们对郭沫若及其文学创作会有更加深刻的认知和了解。

报告过程中，看到同学们不断在记录，看着他们渴望求知的眼神，我仿佛又回到了久别的讲台。"得天下英才而教之"是很多人的梦想，重庆三峡学院并没有因为地理位置的原因而显现出文化的贫瘠，也没有因为闭塞而表现出活力的不足。这不正是北京八家名人故居联盟成立十五年来，一直都致力于传播和弘扬中华名族的优秀品质和自强不息的民族精神的宗旨最好的体现吗？以宋庆龄、鲁迅等为代表的现代文化名人的丰功伟绩和人格操守，并不是高高在上、不可高攀的神话，其实他们和普通的民众一样，有着丰富的情感和真实的生活，我们只有将宏观化的精神品质进行具象化的话语阐释，才能更好地去影响中国最普通的民众。伟大民族复兴的梦想不仅仅只是一个宏伟的蓝图，更是要依靠这样薪火相传的精神和内蕴，更要从身边的人和点滴的事开始，脚踏实地地做起。

三江交汇之处，人杰地灵，更是文化创造性的源头，正如重庆三峡学院校门的"长江母亲"雕塑一样，那是历史与现实、传统与现代的有机结合，更是文化与文明的哺育，也是文化与文明的滋养。

作者系郭沫若纪念馆副研究员

随八家名人故居、纪念馆联盟考察团赴肯尼亚有感

刘　洋

　　时间过得飞快，转眼 2015 年岁末临近了。随着 16 年来八家名人故居、纪念馆联盟这块金字招牌的不断升值，马上就要扩充队伍了。回首一想，自打 2011 年馆领导的一句"打今年起，八家的活就你负责了"至今，我代表北京李大钊故居参与八家名人故居（纪念馆）联盟工作都 5 年了，这心里还真有点小激动，我不禁想抓住 2015 年的尾巴，以这一年参加八家名人故居（纪念馆）联盟赴肯尼亚内罗毕巡展为主，谈谈自己的感受。

　　当地时间 2015 年 10 月 26 日清晨，经过近 10 多个小时的飞行，八家名人故居（纪念馆）联盟考察团抵达了肯尼亚首都内罗毕。尽管身边穿梭的都是棕黑色皮肤的老外，但他们友好的笑容，和比北京略暖的气温，以及在车上看到的沿途不时闪过的中文广告牌，不让我觉得这是距离北京 1 万公里外的地处南半球的东非大陆。

　　在肯尼亚内罗毕期间，考察团在肯尼亚国家博物馆成功举办了大型图片展览"中华名人展"，访问了肯尼亚国家博物馆、内罗毕大学及内罗毕大学孔子学院等展馆和教学机构，并与肯尼亚博物馆馆长、内罗毕大学副校长及内罗毕大学孔子学院相关负责人进行了座谈和研讨。

一　中肯交流任重而道远

当地时间 10 月 26 日下午，在位于内罗毕的国家博物馆成功举办了图片展"中华名人展"开幕式。展览以图文并茂的形式，生动形象地介绍了近代以来为中华民族的崛起而作出突出贡献的八位历史文化名人的生平事迹。新华社等新闻媒体重点报道了当天的活动。

出席展览开幕式的肯方人员代表有肯尼亚国家参议院议长 Kimbe Gitura，内罗毕国家博物馆馆长 Mzalendo Kibunjia 等，参加开幕式的中方代表包括内罗毕大学孔子学院院长撒德全，八家名人故居（纪念馆）联盟考察团团长刘祯等。开幕式由内罗毕大学孔子学院院长撒德全主持，各位代表分别在开幕式上发表了热情洋溢的开幕致辞，并且剪彩。开幕式过程中，特别设计了由内罗毕大学孔子学院的肯方学生用中文演唱《难忘今宵》等歌曲的环节，而且他们在英文歌曲演唱中，也不乏"朋友，欢迎来到肯尼亚""我们是一家人"这样的中文歌词，尽管大家踏上这片土地不过 12 个小时，但所到之处都受到肯方民众的热烈欢迎，令考察团成员深切感受到了中肯两国友谊基础之深。

21 世纪以来，肯尼亚提出以加强与中国合作为重点的"向东看"战略。肯尼亚也是习主席提出的"一带一路"战略在东非的重要的目的地。中肯都有近代反殖民地独立斗争的历史，同时，两国的文化传统和民间习俗又有迥然不同的特色。因此，通过举办展览、学术交流等方式进行文化交流，有着巨大的潜能。同时我们也感受到，肯方民众对中国近代历史文化的了解还很不够，尽管知道中国的郑和 600 余年前曾到过肯尼亚，证明中肯友谊源远流长，但实际上，从现场很多观众阅读展览内容时不断交流的言语可以听出，肯尼亚人民对中国著名人物尤其是近代人物的了解还是非常少的。

当地时间 28 日上午，考察团分别与内罗毕大学副校长 Henry W. Mutoro 与 Issac Meroka Mbeche 及内罗毕大学孔子学院代表进行座谈，两位副校长均提出，希望继续引进展览入校。与内罗毕大学孔子学院代表进行座谈中，山东师范大学人文学院博士生导师、郭沫若研究会副会长魏建教授现场发言，内容将文化名人和中国文化相结合，不但引经据典，还注重与听众的互动，博得了听众阵阵掌声。最后，考察团向孔子学院赠送了展览相关资料，以便孔子学院继续巡展。

无论是肯方学校师生还是肯方百姓，对有关中国文化还是有需求、很渴望的，我们应该加强进一步合作，把中国灿烂的文化和文物精品呈现给肯尼亚观众。

二　当地博物馆与学校合作关系之紧密值得借鉴

当地时间 27 日上午，考察团与肯尼亚国家博物馆馆长 Mzalendo Kibunjia 进行了座谈，双方就进一步合作展开了广泛的探讨。Mzalendo Kibunjia 提出合作建议，首先希望能继续与北京市文物局加强合作，由国内博物馆制作展览，到中国博物馆巡展，并承诺如果展览成行，将上报国会内阁，申请携带镇馆之宝——距今约 300 万年的人类骨骼化石来华展出。二是希望能够在合适的时机邀请各馆在肯尼亚国家博物馆继续合作，举办其他主题的展览。随后在馆长的特别允许下，我们一行人近距离观看了距今 250 万年的人类骨骼化石以及距今约 300 万年的人类头骨化石，可见，肯尼亚是人类发源地之一。

在参观的同时，我们还看到有组织的小学生集体参观，尽管他们没有采取免票的政策，但据了解，肯尼亚国家博物馆与内罗毕所有学校都签有合作协议，当地校方定期会组织学生到国家博物馆参观。如何提高观众特别是青少年观众的素质，加强对民族文化的热爱，是我们此行考察团所有成员的日常工作之一。肯尼亚校方教育学生对祖国文化的尊重和肯尼亚博物馆与学校的联系之紧密，是值得我们学习的。

北京李大钊故居作为"北京市爱国主义教育基地""北京市廉政教育基地""北京市中小学生社会实践大课堂""北京市青少年学生校外活动基地"，今后将更加积极进取，借力联盟品牌活动，多层次开展社会教育活动。尽管故居因受地理位置、周边环境、场地面积和无停车位等诸多客观条件限制，难以举办大型活动，但将根据自身特点，采取"点""面"结合的方针。在活动内容上注重"点"，借助联盟平台优势，深入挖掘新的切入点，不求"大而全"，而做"专而精"。在活动范围上注重"面"，借力联盟品牌活动，扩大故居开展社会教育的辐射面和影响力。我们要不断创新，开展更加丰富多彩的社会教育活动，让观众了解伟人，学习伟人的精神，从而激发他们的爱国、报国热情，使故居这座教育基地，成为名副其实的学生校外大课堂。

作者系北京李大钊故居管理处馆员

从一次印象深刻的"六一"活动想到的

郑小惠

　　2015 年的家庭聚会，我见到了活泼可爱的外甥女。小家伙刚上小学不久，头脑聪明，讲起故事来一套一套，思维清晰，非常有条理，比我当年可是强太多了。感叹小孩聪明的同时，她的妈妈也着实担心，有些微胖的身材，小小年纪就围着电视、电脑、手机之间转悠，日常运动极少，这在我这代人小时候是难以想象的，也是当代很多小孩的通病。之所以扯些家常，主要是由于我个人这次写作"八家"活动感受，受限于自己参加的活动次数不多，参与的内容也是以后期服务为主，确实直观强烈的感受不够清晰。倒是有一次"六一"走进方家胡同小学的活动让我印象深刻，其内容与孩子们"动起来"有关，和我刚才发出的感慨如出一辙。那次活动回来，我还特地写了小文留存感受，现在拿来和大家分享一下。

　　活动叫作"走进校园　传承文化——欢乐与回忆暨文化名人与北京精神"巡展启动仪式，它于 2012 年 6 月 1 日在北京市方家胡同小学操场举办。参加活动的有北京市文物局副局长刘超英、东城区教委领导、老舍长女舒济、八家名人故居纪念馆的领导及方家胡同小学 400 余名师生，阵容强大。这次活动的目的就是从民族游戏中感受传统文化，让孩子们亲身感受到传统文化的魅力，受到历史文化的熏陶，更好地了解北京精神的内涵，过一个有意义、难忘而快乐的六一儿童节。半天的活动下来确实效果明显，达到了此行的目的（图一九、图二〇）。活动特别邀请北京民俗协会的专家，为学生们做抖空竹表演，精湛的技艺、

图一九　香包制作

图二〇　四合院模型拼插

缤纷的花样，深受学生喜爱，现场掌声不断。学生们也表演了大合唱、传统诗文朗诵、集体剑舞等，项目丰富多彩。就是在这个民俗表演环节，学生们那种发自内心的喜爱和惊叹之情溢于言表，让我印象深刻，也生出了这样的疑问：什么样的项目能够打动孩子的心灵，让孩子们真心喜爱、参与进来？从这次活动中，我似乎找到了答案。让我们再回到当时的情境中感受一番。

活动中的才艺展示环节，进行了包括陀螺表演、舞龙、学生足球花式表演，还有歌舞、舞刀等节目，真是精彩纷呈。其中，传统玩具技艺的展示一上台，就博得了学生们一片惊叹之声。身在其中，我能够感受到学生们是发自内心地喜欢这类表演，他们平常很少有机会像那天接触到那些"老玩意儿"，所以十分开心，并发出阵阵笑声，甚至还有叫好声，并不时有学生起立鼓掌。不是惊叹于民俗老师精湛的表演，学生们怎么会如此激动不已！这也让我认识到，传统的游戏项目一样有市场，一样受欢迎，可为什么当下的孩子们都没有在玩？老舍先生的大女儿就感慨：今天孩子们玩的东西，无非是电脑、手机、变形金刚等，难怪家长们总是抱怨孩子没什么玩的。是啊，电脑、手机这些玩意儿总感觉是冷冰冰、没有温度的，缺乏孩童间的交流和交融，我不禁怀念起我的童年，有跳房子、跳皮筋、翻绳、拍洋画、弹球、拔根儿……最重要的是，有和朋友在一起尽情欢笑的美好回忆。因此我不禁感叹，现在的孩子只能从表演中获得惊叹和快乐，这毕竟只能停留在一个片段、一个时刻，这和同学们亲自动手、动腿比画起来得到的东西少之又少。能够在方家胡同小学，看到同学们那种由衷的欢笑，我挺震撼的，真心希望他们能够不停留在看，而是亲身参与进去，这样才能更多更持久地发出由衷的笑声，留存住美好的记忆。

八家名人故居每年在北京地区巡展中都会走进学校，走进青少年当中，也做着最大的努力走进孩子们的心中。青少年是未来社会的主人，是未来文化的缔造者，对青少年进行教育即是我们每个博物馆人义不容辞的责任。不断推陈出新，创造出为青少年所真正喜爱的、乐于参与的活动项目，是我们必须践行的目标。虽然我个人参与"八家"的活动不多，但通过老舍纪念馆这些年开展的青少年活动，自己也有一些小小的感触，拿出来和大家交流一下。

首先，既然要对青少年开展教育活动，我们就要了解青少年的生理、心理特点、兴趣和需求。老舍先生曾经在文章中写道："知较为适当的课程，必非单简枯槁之刻板的问答与论说，亦非强迫记忆，而毫无兴趣之篇章，尤不能以文字之考试，以定其了解之程度。故寓意须以含有宗教兴趣之种种适合于儿童生活之工作，为编拟课程之标准。如手工，图画，烹饪，裁缝，观览风景，咸有极高之趣味。作一手工，画一图画，非欲养成专门技艺，亦非练习其肢体之一部，要在借其仿效或创造，而发展其身心。"从中可见，无论什么时代，开展适合青少年的活动都要从他们的兴趣入手，最终的目的是要锻炼他们的身心，而不是单纯的灌输知识。知识的传播不应是博物馆向青少年的单向传递，而应该是双向甚至多向的互动交流。

其次，博物馆应该更加深入地挖掘自身资源，推出丰富多彩、各具特色、个性鲜明、为青少年喜闻乐见的社会普及活动。目前我们的活动中，以展览居多，形式比较单一，我们还应该在内容和形式上拓展思路，结合现代高科技的手段，亲近青少年。博物馆举办活动，依托的还是馆里的丰富资源，它可能是有形的见证物，像每位名人馆中收藏的珍贵藏品，它们承载着特有的历史信息和故事；但也可能是无形的见证物，诸如采用现代信息技术代替具体的形象；或是民族传统艺术、民间文艺。我们应该深度挖掘自身资源，从不同角度，运用多种手段整合资源，为青少年呈现出更具教育意义、为青少年喜爱的活动。

一次八家名人故居进校园的活动，记忆最深刻的是孩子们那毫无掩饰的笑声，这笑声就是我们故居人前行的动力和努力的方向！

作者系老舍纪念馆馆员

文化名人展览在边疆少数民族地区
传播民族精神
——以新疆霍城巡展为例

张　燕

　　2015 年 5 月 18 日，首都博物馆"5·18 国际博物馆日"会场，将"传承民族千古血脉　共创祖国美好未来"的口号唱响。围绕当年的主题"博物馆致力于社会的可持续发展"，会场内开展了各式文博宣传活动，但最令我期待的，还是被誉为博物馆界"乌兰牧骑"的北京八家名人故居联盟，2015 年联展活动"文化名人与民族精神——纪念中国人民抗日战争胜利 70 周年"的启动仪式。

　　伴随着热烈的掌声，全国政协委员、著名作家艾克拜尔·米吉提先生，从北京市文物局局长舒小峰和八家名人故居纪念馆代表郭沫若纪念馆副馆长赵笑洁手中，接过了联盟赴新疆霍城巡展的旗帜。我对霍城的第一印象还是源于课堂，在中央民族大学这所少数民族最高学府濡染学习，民族地区于我并不陌生，那里是有着大片薰衣草花田的"古月城"，有着"塞外江南"之称的伊犁河谷，是否还存续着"解忧公主"这位联结中原和边疆使者的痕迹？

　　2015 年 6 月 14 日，"文化名人与民族精神——纪念中国人民抗日战争胜利 70 周年"展在新疆霍城县开幕了（图二一）。这是北京八家名人故居联盟第一次将文化名人展览送到边疆少数民族地区，也是联盟成立以来国内巡展到达的最远地区。霍城地处新疆伊犁自治州，是伊犁的门户，中国的西大门，也是通往中西亚等国的咽喉，是古丝绸之路新

图二一　"文化名人与民族精神"霍城巡展开幕式

北道的必经之地。除汉族外，这里还生活着以回族、维吾尔族、哈萨克族为主的 28 个少数民族，共同组成了这里多元化的文化格局。

近年来，随着经济发展水平的不断提高，边疆少数民族地区加大了同中原内陆的交流，在输出具有地区特色民族文化的同时，也不断引进内地丰富的文化资源。"文化名人与民族精神"主题展就是在纪念中国人民抗日战争胜利 70 周年的背景下，以 20 世纪八位文化名人的抗战事迹为线索，突出表现了他们以爱国主义为核心的团结统一、爱好和平、勤劳勇敢、自强不息的民族精神。

开幕式当天恰逢周末，令所有工作人员意外的是，展览现场并没有出现门可罗雀的情况，许多当地的中小学生前来参观，这大大激发了我的热情。同学们围着我认真地听讲，一双双眼睛里闪着对这些先辈既熟悉又陌生的目光。通过观看展览图片、文字资料，在场的每一位接受了一次爱国主义和社会主义核心价值观教育。历史无法重来，未来可以开创，同学们纷纷表示，一定会牢记历史、珍爱和平、勿忘国耻、圆梦中华，做合格的社会主义建设者和接班人。中共霍城县委常委、宣传部长

图二二　霍城巡展上的工作人员现场讲解

图二三　霍城当地中、小学生参观展览

李西域高度赞扬了此次展览，称这是给霍城人民最好的文化精神礼物，呼唤了民族精神，鼓舞了各民族建设祖国的士气（图二二至图二四）。

图二四　霍城当地中、小学生参观展览

开幕式结束后，北京八家名人故居联盟还精心挑选了266册图书，捐赠给以从霍城县走出的著名作家艾克拜尔·米吉提先生命名的书院，其中有文化名人的代表作品，也有故居纪念馆工作人员的业务成果。教育与文化有着十分密切的关系，在促进文化共生中具有关键作用。加强民族地区的爱国主义教育，不仅有利于民族地区学生的健康成长、民族地区的和谐发展，更是增强民族地区学生的爱国责任感的需要，而且还关系到我们整个民族的兴衰成败和整个社会的和谐发展。

我国是个多民族的国家，边疆各民族文化在长期的历史发展过程中相互交流、相互渗透，并以一种开放的态势吸纳其他民族文化的精华。民族精神在历史长期发展中，受种族、血统、生活习俗、历史文化、哲学思想等因素熏陶，融汇孕育而成，贯穿着民族发展的全部历史，是民族文化的核心和灵魂。

　　民族精神凝聚着一个民族强大的文化力量，随着时代的进步和创新，民族先进文化建设必须结合时代和社会发展的要求。现阶段，随着"一带一路"战略思想的提出，多元文化共生既是我国"一体多元"文化格局的现实要求，更是实现中华文化发展繁荣进而实现中华民族伟大复兴的必然选择。民族地区在继承优秀民族传统文化的基础上，必须加强弘扬和培育民族精神。

作者系北京鲁迅博物馆（北京新文化运动纪念馆）助理馆员

凝聚天地人气　一展民族精神

——亲历八家名人故居纪念馆泰州巡展

胡　淼

从 2000 年的呱呱坠地，到 2015 年的声名大噪，北京八家名人故居联盟已经历了 16 个光阴。16 年里风雨兼程，为做出令观众满意的展览而不懈努力，一块块展板就是她的勋章，一位位观众观展后的微笑就是她的奖状，一个个竖起的大拇指就是她的嘉奖令。2015 年她又带着新展览"文化名人与民族精神——纪念中国人民抗日战争胜利 70 周年"，走入社会，走进基层，走出国门，走向世界，在文化思想宣传战线上，吹响新一轮的号角。

"文化名人与民族精神——纪念中国人民抗日战争胜利 70 周年"泰州巡展，于 2015 年 11 月 5 日上午在泰州学院图书馆大楼内展出。开幕式后，泰州学院、南京师范大学泰州学院的师生参观了展览。下面就请大家与我一起走进这次巡展，亲历之，感受之，思考之。

一　最合时气的展览

这次巡展主要有四大特色。一是立意高，社会影响深远。展览主题紧扣国情、世情。2015 年是中国人民抗日战争暨世界反法西斯战争胜利 70 周年，紧密围绕着这一重要历史时刻，我们把弘扬抗日精神、爱国主义和民族精神作为本次巡展的主要内容。此次巡展充分展现了宋庆龄、李大钊、鲁迅、郭沫若、茅盾、老舍、徐悲鸿、梅兰芳这八位历史名人当时的生活轨迹，和他们身上所体现的爱国主义精神，以及他们为了近代中华民族的独立与自强而不懈奋斗的历程。

二是构思巧，展览角度新颖。八家展览虽都选取了纪念抗日战争胜利 70 周年作为展览主题，但亦有所不同。2015 年全国各地推出的纪念抗战胜利 70 周年展览中，优秀的展览数不胜数，但这些展览大都是以时间为线索，展示中华民族的抗战历程，将抗日战争的史实串成一部编年体史书，呈现给观众。而八家名人故居纪念馆则从另一角度，将八位文化名人的抗战爱国事迹以纪传体史书的形式呈现给观众，这八位历史名人，他们既不是运筹帷幄的将军，也不是血战沙场的战士，但他们却用另一种方式驰骋在文化抗战的特殊战场。他们组织抗战宣传，推动文化统一战线建设，为抗战取得最后胜利作出了独特而巨大的贡献，构筑了中华民族屹立不倒的精神长城。这种与众不同的策展角度，在众多的抗战展览中独树一帜。

三是规模大，展览规格高。此次展览采用的是图片展板做展示、结合实物展品展出的形式。我们根据巡展展厅的面积和展线的长度，因地制宜，合理安排展板位置和实物展品数量。本次展览共展出 66 块图片展板，文献图片量近 500 幅。同时展出的还有珍贵史料、绘画作品、信札手稿以及生前使用过的物件等实物展品百余件，其中书画作品 60 幅，书籍、手稿等 50 余件，数目繁多，具有极高的艺术价值。有许多实物展品均属在巡展中第一次公开展出。如宋庆龄故居提供的孙中山先生手模，许多学生都好奇地伸出自己的右手，与孙中山先生的手形进行比较。这种展品陈列方法，拉近了展品与观众间的距离。郭沫若纪念馆提供的郭沫若所作的《少年先锋队队歌》手稿，最受学生们的青睐。与此同时，鲁迅博物馆提供的 1910 年创刊的《小说月报》、1930 年创刊的《萌芽月刊》创刊号原物，也于本次展览中展出，还有李大钊的手迹，徐悲鸿、梅兰芳的国画，茅盾、老舍的著作手稿等，均受到广大观众的关注。

四是巡回展览，遍地开花。八家名人故居纪念馆的展览不局限于每年"5·18 国际博物馆日"主会场固定式的展出，而是采取全球巡回的流动模式。换句话说，不仅在国内深入到学校、部队、社区、乡村等基层人民群众身边，还会走出国门，远赴亚洲、非洲、大洋洲等诸多国家巡展，一站接一站。通过不同的主题，在展示中华历史名人的精神世界和人格魅力的同时，向世界传播不朽的中华文明。

二　最接地气的展览

泰州的"泰"字，从结构看，恰恰由"三""人""水"组合而成，隐喻"人在三水中"。由此印证了泰州古时的地理位置，曾是三水交汇之处，地处长江之尾、淮河之畔、黄海之滨，江、河、海三水在这里汇聚激荡。以至于当地人向我们解释泰州的由来时，略带诙谐地说，"泰"者，三水交汇，以人为本。可以说，水就是泰州贯穿古今的特色与灵魂，造就了泰州的桑田，孕育了泰州的生灵，成就了一个和谐、繁荣的泰州。

泰州历史上名贤辈出，有唐代书法评论家张怀瓘，宋代著名教育家胡瑗，元末明初文学家、《水浒传》作者施耐庵，明代哲学家、"泰州学派"代表人王艮，清代扬州八怪之首郑板桥，"扬州学派"先驱者任大椿，近现代著名地质学家丁文江，杰出女教育家吴贻芳等。除此之外，还有许多历史文化名人与泰州结下了不解之缘：孔尚任在泰州完成了桃花扇的创作，而写下岳阳楼传唱千古的名句"先天下之忧而忧，后天下之乐而乐"的范仲淹，也是在泰州开始他的仕途时提出了这个观点。

与我们八家名人故居纪念馆休戚相关的一位名人，就是中国著名京剧表演艺术家梅兰芳，本次巡展便是在北京与泰州两家梅兰芳纪念馆牵线下，将八家名人故居纪念馆的展览带回梅兰芳的家乡，使梅兰芳家乡的人民换一个角度，再一次认识抗日战争中的梅先生，以及在抗日战争中为国家和民族作出贡献的另外七位文化名人。

把八家的展览带入一个有着深厚文化底蕴的城市，是对八家名人故居纪念馆巡展的一个检验。这里有孔尚任写《桃花扇》时居住过的陈庵、郑板桥的故居、泰州学派留给后人的教诲，以及范仲淹"君子不独乐"的咏叹，这都让身处泰州的人们感受到中国文化的厚重。能够经得起泰州文化的洗礼，也是对八家名人展览的一种极大肯定。同时，此次巡展也为泰州市民提供了一次了解名人、感受名人生平思想与人格魅力的宝贵机会，更为提升泰州市民的爱国情怀和人文素养，推动泰州文化名城建设作出积极贡献。

三　最聚人气的展览

北京八家名人故居纪念馆在联合办展的 16 年中，发挥出了小而精的特色和人多力量大的优势，取长补短、整合资源、挖掘优势、自主联合，面向社会开展一系列具有鲜明时代主题的展览活动，既讲好了中国故事，也传播了民族精神。

八家名人故居纪念馆这个联盟，就像一个小小的"欧盟"，各故居、纪念馆轮流坐庄。2015 年由北京梅兰芳纪念馆担任"轮值主席纪念馆"，庄主肩负起本年度的展览安排、协调办展等工作。本次展览在庄主的带领下，开展得井然有序。分析其成功的原因，不外乎下列几点：

首先是精心筹划，准备充分。"凡事预则立，不预则废"，在这次活动中得到了充分体现。正是因为有了周全的考虑、翔实的计划和充分的准备，这次活动才有了成功开展的前提。例如，庄主提前进行了展览的策划，并签订了展览协议，发布了展览的筹备通知和展览信息，使主办方有充分的时间准备展品，使观展人更清楚明白地了解展览展出的情况。我馆在准备展品的过程中，对究竟拿出哪件"看家宝物"参展，思量再三。在之前多次巡展中，最受学生观众驻足观看的郭沫若所作《少年先锋队队歌》手稿应该再次展出；成人观众最为熟知的郭沫若所作《屈原》《虎符》历史剧剧本的版本书，应作重点展示；年龄较大的观众所关心的近代名人相关的作品《吊鲁迅》《题赠李维汉》，也应在展出之列。除此之外，我馆又新增加了彰显民族大义的展品《祭李闻》。

其次是密切配合，分工协作。本次展览是泰州的一次大型活动，多方面的积极协调和工作人员的分工安排，是该展览得以成功的保证。北京与泰州互相配合，主办方与学校、媒体互相配合，正是这些诸多的密切配合，才能避免出现混乱的局面，保证展览有条不紊地开展。八家工作人员合理分工，有的讲话，有的摄影；有的讲解，有的引导；有的解答观众疑问，有的维持会场秩序。在这次展览中，我和来自北京鲁迅博物馆的张燕一起承担展厅的引导工作。由于参观人数众多，我们这个小组也有所分工：张燕站在观众队伍前，引导观众按顺序参观；我则站在队伍中后部，提示他们展览的行进方向。我们俩相互配合，保证了参观者有序观展。总之，各组人马分工明确，安排合理，既能节省时间，又能使本次展览更加完善。

本次巡展开幕式后，当天就有近千名学生前来参观。尽管从规模、知名度和影响力等方面来看，本次巡展虽然达不到最高，但是从学生们积极参与的热情和公众良好的口碑来看，由八家名人故居纪念馆精心筹划的这场巡展，算得上是最有特点、也是最有人气的展览了。

展览的内容易于学生群体接受，从介绍八位历史名人的生平和主要事迹入手，既有大量珍贵的历史照片资料，也有相关的文字描述，可谓图文并茂。特别是 2015 年正值中国人民抗日战争胜利 70 周年，通过展览的形式向公众展示那些创作于抗战时期的文章、图片、书籍等历史资料，彰显了八位 20 世纪的文化名人为国家、为民族作出的不朽的贡献。他们的爱国情怀、理想追求和价值取向，影响着一代又一代的中国人。我们力求在大力宣传抗战文化的同时，也进行一次重要的爱国主义教育，希望广大同学牢记历史，面向未来，为了中华民族的崛起，为了伟大祖国的强大而努力学习。这就是我们八家办展人所要弘扬的正能量，将民族精神的传播落到学生们要努力学习的实处，把展览做"实"，即达到了我们展览的目标。

本次巡展于 11 月 20 日圆满落下帷幕，它既不是八家展览的序曲，更不会是休止符，而是八家展览进行曲中的一个重音，因为，八家的文化展览永远"在路上"。

作者系郭沫若纪念馆助理馆员

名垂青史与有口皆碑

——"文化名人与民族精神"北师大巡展有感

陈 瑜

记忆是有选择的，秉笔者书之史册，意欲后世能铭记此人此事，但也只是其中的一部分甚至一个片段。"横看成岭侧成峰，远近高低各不同"，记忆又是多样的，所记忆者不全是青史所载，有时倒更多地流于口口相传之中。如何让这些青史留名的人物更深入人心，在口碑中加深人们对他的记忆，是博物馆、纪念馆的责任，也是一个课题。

由于学习历史专业的缘故，每到一地，我总会习惯性地流连于各种纪念馆、博物馆，大多走马观花，留下一个大概的印象。直到一年前有幸进入郭沫若纪念馆工作，才开始认真思考历史记忆的问题。名人纪念馆的功用，无疑是让观众记住这些青史留名的人物，让他们的事迹和精神一代代流传于世，激励后人。然而记忆是有局限的，纪念馆本身也是有局限的。名人的一生波澜壮阔，轰轰烈烈，我们却只能择其片段，而能被观众记住的则更是片段中的片段。

拿我自己来说，来郭沫若纪念馆工作之前，我对郭老的记忆是有限而模糊的。我所记忆的是初中课本中《天上的街市》，历史文献中的《甲申三百年祭》，以及镌刻在家乡北戴河鸽子窝公园里的《游鸽子窝》。我想很多人都会与我有同感，记住的大都是郭老的诗文，以及各种题字。相较于前两篇文章，很应景地刻在鸽子窝公园大石头上的七言诗，又会更容易被人记忆。出于对家乡的热爱，能把家乡同名人联系起来自然是十分自豪的事情。以郭老为例，我们秦皇岛人自然会记住这首

《游鸽子窝》，杭州人则更容易记住那首《虎跑泉》诗。我想如果你身临鸽子窝公园，背对松林面朝大海，自会对郭老笔下的"雪浪千层卷海来，松涛万顷际天开"更有一番感悟，而不仅仅是在刻着郭老诗的大石头前留影，以示"到此一游"了。

诗文毕竟是平面的，诗文的背后则是一段民族深受苦难、家国备受欺凌的历史，也是郭老对苦难中国的忧虑，对民族振兴的期盼。古人常以名垂青史自励，彼时付诸文字几乎是知识传播的唯一手段。时至今日，图片、影像等传播载体日益重要，自媒体的出现更是将文字、图片、影像等融于一体，使得信息的传播更为生动具体，更能引起人们的关注与记忆。仅有文字则很容易让人感到单调而枯燥。传播者不得不借助新的传播技术与平台，不得不更多地关注传播的载体与形式，以期博人眼球，获得观众的青睐。这对博物馆来说又何尝不是一种挑战呢。

博物馆的功能是多元的，既要承担一定的学术研究的任务，也要做好展览、陈列，完成其社会教育与公益服务的使命。名人先贤的一生已成历史，"人生在世屈指算，一共三万六千天"。尽管此三万六千天不同于一般人物，精彩纷呈，有许多历史细节可以发掘和研究，但也还是有既定额度的。就如陈列室中的文物，即便可以不断征集，也还是有限的，而且，博物馆本身的容量也是有限的。如何突破博物馆自身的限制，将有限的过去赋予无尽的现实意义，正是研究者和策展者肩负的使命。

上班之前，我对博物馆的认知很有限，似乎觉得展览是十分简单的一件事。图片资料与文物的简单排列，并配以文字说明，从序章看到结束语，仅此而已。亲历了这次巡展的组织开展，才知道事情并不如想象中简单。每一个展览，不论是永久陈列还是主题展，都会有一个主题，这是布展的灵魂所在。围绕不同的主题，有限的资料和文物可以产生不同的排列组合，这样的可能性是无限的。因为主题的选定是紧跟时代发展的，历史所能彰显的现实意义就是永恒的，这也是研究能够不断深入的原因所在。

郭老是杰出的文学家、历史学家、古文字学家、翻译家、书法家、社会活动家，是一位百科全书式的文化巨人。郭老虽是文化巨人，但身处那样一个民族羸弱、家国动荡的年代，知识分子不得不挺起民族的脊梁。1926 年 7 月，郭沫若投笔从戎，投身国民革命军北伐。1927 年四一二反革命政变前夕，他撰写《请看今日之蒋介石》一文，揭露了蒋介石"背叛国家，背叛民众，背叛革命"的行径。1937 年卢沟桥事变爆发后，郭沫若别妇抛雏，只身归国，投入抗战洪流。可以说，每一个重大历史节点都有他捉笔为刀、呐喊疾呼的身影，而这些都被郭老的诗文之名淹没了。每个人在历史长河中都是渺小的，随着时光的流逝，名垂青史者越来越多。每个人的记忆容量也是有限的，"弱水三千，只取一瓢饮"，至于取的是哪一瓢，又有多少的偶然和多少的必然。我们的使命正在于，让此一瓢在时代的投射下能折射出更为绚丽的光彩，让被铭记的必然性提高一些，哪怕只是因为一个偶然的原因，他（她）走进了纪念馆或者展览现场。

在郭老声名的荫庇下，每年来郭沫若纪念馆参观的游人不少，有旅行社安排的，也有慕名而来的。纪念馆就像一位待字闺中的姑娘，静静地守着什刹海，等待访客上门。这样的等待多少有些被动，毕竟来北京旅游，天安门、故宫、长城乃至隔壁的恭王府都更为吸引人。出去办主题展、巡展，则能很好地弥补这一不足。深入大学、社区等，为纪念馆添了双"隐形的翅膀"。近一年的观察我也发现，20 岁以下的游客往往集中在暑假时段。我们到校园里办展览，则为学生们免去了舟车劳顿的麻烦，不仅不用大费周折，反而成了课余的放松与休闲。此次北京师范大学巡展得到了师生热切关注与高度评价，也充分说明了这一点。

2000 年，北京八家名人故居纪念馆（宋庆龄故居、李大钊故居、北京鲁迅博物馆、郭沫若纪念馆、茅盾故居、老舍纪念馆、徐悲鸿纪念馆、梅兰芳纪念馆）开始联合举办活动、承办展览。八家名人故居每年用一个时代主题，借助宋庆龄、鲁迅等八位中国近现代历史名人的生平事迹，多方位、多角度地宣传中国近现代文化史上优秀代表人物的人格精神。这样的联合办展，不仅仅是对展品数量和展览规模的突破，更是对个人之于历史局限性的突破，能让主题更好地彰显，让历史得以更清晰地呈现。

此次八家名人故居以"文化名人与民族精神"为主题，进行 2015

年的巡展。我们看到了无数的文化名人奔走相告，全力以赴地投身到文化抗战的行列当中。宋庆龄从民族解放大局和人民利益出发，捍卫了中华民族的时代精神；李大钊、鲁迅虽未能亲历抗战，但却用自己的血泪铸造成了新时代民族气节，鼓舞着民众抗敌的热情；郭沫若义无反顾地秘密回国，投身到战火的洗礼之中；茅盾、老舍、徐悲鸿、梅兰芳等诸位文化大师，也纷纷从不同的方面为抗战的胜利夯实了精神的基石。

　　一个人的经历多少带有偶然性，几个人共同的经历则能反映出那个时代的潮流。李大钊、鲁迅、郭沫若留学日本，徐悲鸿留学法国，宋庆龄留美，老舍先生赴英，那不都是因为我们的国家在近代备受欺侮，肩负民族救亡重任的知识分子不得不前往西方强国去寻求救国救民的理论么？

　　以我观之，名垂青史更多的是国家、民族的记忆，有口皆碑则是普通大众自主撷取的朴素记忆。在信息大爆炸时代，能在海量的信息中过滤沉淀下来，化为口碑，显得尤为珍贵。名人先贤通过自己的努力与奉献，已经使自己青史留名，我们的使命则在于，让这些青史之名能更好地留存于百姓的心里，化作他们的口碑，于生活的不经意间口口相传。

作者系郭沫若纪念馆助理馆员

隆重的秋

刘秋琬

以前每到一个新的城市,我总记得要去博物馆走上一趟,这或许是个人的偏好吧。人们都说年轻人对这种充满历史氛围、古迹斑斑的博物馆可能兴趣不大,只有到了一定年岁、大概是中老年以后,才开始认真地关注历史、关注文物。然而,参观博物馆对我来说却是一种极致的享受。确实,我可能不能很好地体味到这些文物的价值,毕竟,现在的我缺少厚重的生活积累和长期的人生感悟。但这些并不能影响站在博物馆中感受人类文明所带来的震撼,不能影响内心触摸文物朴真中所传递的战栗,因为博物馆就像是一面镜子,在倒映着人类前世今生的同时,折射出人生的风风雨雨、世道沧桑。

就在真正踏入郭沫若纪念馆的最后一刻,我都不敢相信,自己进入了最喜爱的领地,并将长此以往学习和工作于斯。大家都说,人生最大的幸福莫过于兴趣和工作相融。于是,我带着上天的眷顾,在这里度过了第一个一年四季。或许因为我出生于美丽的初秋,纵然四季有四季的美好,我却独爱着秋天。秋天是令人眷念的。与春天的草绿初萌相比,秋天是厚重静寂的;与夏天的芜杂茂密相比,秋天是简洁透明的;与冬天的空灵虚幻相比,秋天是厚实宽容的。秋天是富有个性的季节,有了枯藤老树昏鸦的意境,蕴藉着寂灭与再生的悲吟,可称是多情才子的故乡,又见朦胧诗人的底色。

我相信郭沫若先生也是爱秋的,每当踏在他亲手栽种的银杏落叶上,我仿佛能够感受到他那如秋般凛冽的民族决心、宽厚的民族胸怀、坚定的民族精神。非常庆幸，这个秋天以及此后的每个秋天，我都能在郭沫若纪念馆中度过，我为能在这里展开踏入社会的第一步而感到无比的欣慰。

不可否认，我原本对于郭沫若先生的伟大之处并不能深切感悟，而一旦入乎其内，果真是探查一个人最好的方法。在先生曾经住过的院子里长驻，就如同碰触到了历史，仿佛不自觉间将自己带入到了那个指点江山、激扬文字的峥嵘岁月。郭沫若先生这个百科全书式的学者，在我的脑海中也变成了一个有血有肉的完整的人。他能够为了梦想义无反顾奔赴日本，能够为了爱情创造出《女神》《星空》等多部诗书。家国有难，他更是毫不犹豫弃医从文，投笔从戎。他不畏强权，揭露蒋介石的阴谋，为此却遭到全面通缉，不得已躲到日本后，却丝毫不放弃自己拯救家国之志。为了获取第一手资料，他独自研究甲骨文，只为国家创造一条通往未来的道路。然而国内风云变幻、世事无常，日本侵华战争全面爆发，他毫不犹豫地只身回到中国，皆因他的决然决心、民族气节。此时此刻，他深知没有办法继续留日，纵然这里有他爱的妻子、孩子和家。回到满目疮痍的祖国后，他用他的文字、他的人格以及他能够做到的所有事情去拯救这个他爱的民族、他爱的国家。他为党和人民的信仰倾尽一生，哪怕到了八十岁，也仍旧陪同日本首相签下友好条约；哪怕到了生命最后一刻，他也仍旧记挂着科学大会——中国科学的春天。他深爱着这个民族、这个国家、这个党，他穷尽自己的一生告诉世界——他的选择。

或许他的民族大义、民族气节和民族精神，大家是都能感受到的，然而我却在此中感受到了他是一个普通的人，一个会爱、会怒、会喜、会悲、会无奈的人。先生在我的心中轮廓逐渐地鲜明，我也更期待能够走进他的深邃世界，以我的文字为他添上栩栩如生的几笔。

就在北京的秋快要结束，先生的银杏树叶所剩无几的时候，我前往重庆，参加北京八大名人故居巡展，同重庆郭沫若纪念馆交流，多么好的机会来到我面前。我非常荣幸，又更加欣喜，或许我既能在郭老的画卷上加上灵魂的几笔，还能够领略到那个百花齐放时期八大名人之精神，我不禁期盼那个名家名人各领风骚的年代。一路向往，我来到了美丽的山城——重庆。

重庆的秋来得比北京果真晚了许多，路边仍然能看到满树微黄的银杏叶，徐徐秋风送来山城最美好的问候。比起忙碌的北京，这里的生活恬静又自由，湿润的空气瞬间抚平浮躁的内心。抗战时期，许多伟人都曾经在这个美丽的山城驻足，这里的人们也仍旧保留着那时的火辣与热情。激情中，我们开始了重庆三峡学院的布展。

作为一个新来的菜鸟，我是第一次参与到自己梦寐以求的布展之中，亲眼见证自己热爱的东西从无到有，这种心路历程是不能仅仅通过字面的意思来充分传达的。毫不夸张地说，那是一种热泪盈眶的感动，就像是从小的梦想就这样撞进了现实。布展也给我机会，去更好地接近八大名人。

宋庆龄在世界举足轻重，却又平易近人，她用她的力量扭转着整个世界对中国的态度。是谁，能让众多后人依然记得他；是谁，能让刽子手也敬佩于他的不屈；是谁，能让自己的名字永远熠熠生辉？革命烈士李大钊，强大的革命意志摧毁着一切反动的力量。老舍，一个用幽默生动揭露悲凉辛酸，却又不放弃希望的作家，他用他的笔触反映那最平凡真实的世界。冰心先生曾赞叹过他："我感到他的作品有特殊的魅力，他的传神生动的语言，充分地表现了北京的地方色彩，本地风光；充分地传达了北京劳动人民的悲愤和辛酸，向往与希望。"鲁迅先生以宽广的胸怀和非凡的建树，成为中国当代新文化史上极其耀眼的明灯。他不屈从于所处时代的禁锢和压制，毫无惧色地轻蔑从正面以及背后投来的"辱骂和恐吓"，以浩然正气演绎了一段文化救国的民族斗争史。他的文章成为了一个时代进步思想和文化现象的典型象征，成为了整个民族革新传统的不泯精神的写照。"社会分析派"的典型代表作家茅盾，其开拓的革命现实主义对于中国新文学的发展有着卓越的贡献。张光年曾经说过：茅盾体现了"文学家与革命家的完美结合"，是并不多见的"把两种素质集于一身的人"。茅盾用他独有的技法将整个社会横断，展现在大众的眼前。梅兰芳先生的戏多数以青衣唱腔为主，青衣的万种风情，若不用心，很难明白；青衣的故事，若不认真，亦很难读懂。雨丝风片、烟波画船、淡酒清茶、青灯黄卷，梅先生不同于一般的青衣。

为了尊严和使命，为了天下兴亡匹夫有责的诺言，他宁死不给日本侵略者唱戏，不惜为此损害自己的身体。这世界上超越肉体的东西很多，也很伟大，所谓的升华，便是让精神超脱，让生命不朽。田中说：无论战争谁胜谁负，梅兰芳是不朽的。但田中不知道，也许永远也不会知道，真正让梅兰芳不朽的，不是他的戏，是他的灵魂和操守。徐悲鸿的画充满爱国主义情怀和对劳动人民的同情，画中的中国人民坚韧不拔、威武不屈，满含着对民族危亡的忧愤和对光明解放的向往。他常画的奔马、雄狮、晨鸡，给人以生机和力量，令人振奋。尤其他的奔马，更是驰誉世界，几近成了"现代中国画"的象征和标志。

秋分山城，秋香四溢。爱花，写花；爱秋，写秋；爱马，写马。至诚的文字，一字一句勾勒秋的花絮，一章一节写意秋的美丽，一季短暂的时光，浓缩了多少用文字写不下的情怀。风会记得一朵花的香，草会记得一场雨的滋润，人会记得一季秋的淡然么？或许，春是希望，是万物复苏的开始，而秋是成熟，是万物收获的隆重，又有谁会错过这样的伊始呢。八大名人愤世嫉俗，用自己的力量去改变这个世界的一片天空，用自己的力量去创造那个属于民族的成熟的秋天。

布展过后，我们又马不停蹄地赶往重庆的郭沫若纪念馆。这里依山傍水，亭台楼阁，和北京厚重的四合院有着不一样的风情。但依然在院子里看到了熟悉的银杏树，不同的是，这里的叶子仍然郁郁葱葱。听说就是在这棵树下，郭沫若完成了传世名篇《甲申三百年祭》。我说过先生是爱秋的，他在秋风萧萧中，在秋天的隆重下，让自己的灵感与时空碰撞，写下这大气磅礴的作品。我画卷中的先生无疑又更加地丰富起来，灵魂渐渐地高大了。

阳光又出来了，树影破碎，院子里的猫又出来溜达，它是因为成熟地知道秋天来了。于是，在这个时刻这样的形态这样的出现，按着它的步伐走过庭院。

作者系郭沫若纪念馆工作人员

同共建学校开展青少年爱国主义
教育活动有感

徐　萌

2013 年笔者来到郭沫若纪念馆公众教育资讯中心工作，我们部门的一部分工作，就是负责爱国主义基地建设。爱国主义基地是青少年学习了解历史知识、革命传统的重要课堂，是陶冶情操、提高道德修养的重要场所，是青少年思想道德建设的重要阵地。爱国主义教育基地建设一直以来是我馆最为重视的一项工作。

据统计，2014 年郭沫若纪念馆接待的观众中，青少年约占 30%。而有些纪念馆，青少年的参观比例甚至高达 50%，所以，青少年是纪念馆观众的重要组成部分。为此，各纪念馆都开展了形式多样的适合青少年的社会教育活动，来满足青少年的需求。而各纪念馆更应发挥在青少年爱国主义教育中的作用，有效开展爱国主义教育活动。

早在 1992 年，郭沫若纪念馆就被北京市政府命名为北京市爱国主义教育基地。目前与纪念馆建立共建关系的基地学校共有 7 所：北京十三中（高中部）、北京十三中（初中部）、北京启喑实验学校（原第二聋人学校）、柳荫街小学、厂桥小学、鸦儿小学、什刹海小学。

二十多年来，郭沫若纪念馆和各共建学校一起，合作开展了大量丰富多彩的爱国主义教育活动，充分发挥了青少年第二课堂的教育作用。而我在这三年里，与共建学校的老师和同学们接触得最多，和共建学校的老师们布置展览，和老师同学们一起筹备活动，给来馆参观的同学们进行讲解……三年来留下了太多珍贵而又难忘的回忆。

一 一次接待讲解

爱国主义教育是提高全民族整体素质的基础性工程，是引导广大青少年树立正确理想、信念、人生观、价值观，促进中华民族振兴的一项重要工作。进行爱国主义教育，弘扬民族精神，培育时代精神，不仅需要深刻的理论阐述，更需要生动的语言来感染青少年。这对我们日常的讲解工作也提出了更高的要求。

2013年6月，北京十三中（初中部）100余名师生来馆参观，这也是我第一次给共建学校的同学们进行讲解。在接待讲解之前，我重新编改了本来的讲解词，在讲解词的编写和运用上，以爱国主义教育为核心，根据这次接待的同学们年龄层次的差异和接受能力的不同，编写出有针对性的、适合同学们语言特色的讲解内容。在讲解时，侧重给正在读初中的同学们穿插讲述一些小故事。例如助听器的故事，讲述了郭沫若勤奋好学、乐观豁达的人生态度；小台灯的故事，讲述了郭沫若与周恩来总理之间的真挚友情；沧海一粟的故事，讲述了一个探求真理、博学多才的郭沫若。我还在同学们参观之前，给他们提出了问题，例如郭沫若在抗战期间创作了几部历史剧？在郭沫若纪念馆里有几块牌匾，分别都是谁题写的？看着同学们认真地听我为他们讲解介绍，不时提出一些问题，这样有针对性的、生动的讲解方式吸引了同学们。参观后老师们都向我反馈，这次参观活动既达到了爱国主义教育的目的，又让同学们在这次参观中，学到不少知识，让他们有所收获。

二 一次巡展

举办巡回展览是纪念馆走出馆门、来到校园进行宣传教育的重要形式之一，这种形式筹备快，装备轻便，成本低，灵活性高，主题性强，教育效果显著。多年来，北京八家名人故居纪念馆每年根据不同主题制作专题展览，进行巡展工作。每年八家的巡展也送到了共建关系的基地学校。

在多次共建学校巡展中，我印象最深的是，2014 年 9 月，八家名人故居纪念馆"大家风范　中国精神——20 世纪文化名人的人格和家风"展览在北京市第十三中学（高中部）巡展。巡回展览采取照片、图片、现场讲解的形式，收到了很好的宣传和教育效果。这次展览得到了学校领导、老师和学生家长们的大力支持，让同学们了解了八位名人的爱国精神、民族精神，也让同学们了解了八位名人的故事。虽然同学们平时的功课都很紧张，但这次展览还是吸引了不少同学，他们利用课余时间亲自来到纪念馆里看一看。

三　一次清明活动

2008 年，国务院确定清明、端午、中秋等民族传统节日为我国法定节日。八家名人故居纪念馆从这一年开始，在清明节期间推出了一系列文化活动，其中包括鲜花带门票、清明寄语等活动。让大家在祭奠先人的同时，也走进名人故居纪念馆，在初春时节组织春游踏青的同时，缅怀先辈的丰功伟绩，传承中华民族的民族精神。

与纪念馆建立共建关系的基地学校，大多数分布在什刹海地区，离纪念馆较近。清明时节，很多学校都会组织学生们来到纪念馆，给郭老的铜像献花，追忆伟人。2014 年清明期间，北京什刹海小学的同学们亲手做了黄丝带，写下了清明寄语，敬献到郭沫若的铜像前，以这种特别的方式表达对郭沫若的怀念之情。

四　一场入队仪式

来到郭沫若纪念馆除了参观展览，了解郭沫若的生平，感受他的精神世界，还可以来馆里欣赏四季美景。我们会定期和共建学校的老师联络，及时告知馆内的景色变化，让各共建学校的同学们在纪念馆最美的季节里，来到纪念馆开展相关活动。

纪念馆中最美的时节是四五月的春天和十月的金秋。四五月时，院中的海棠花开，之后是满院的牡丹，还有满山的二月兰，百花齐放。在纪念馆的院中有十棵银杏树。银杏是郭沫若最喜欢的一种树，称它为"中国人文的有生命的纪念塔"。在他长期生活过的地方，无论是流亡日本时的寓所，还是抗战时期办公所在地，都有银杏与他相伴。在纪念馆中有十棵银杏树，每到秋天一片金黄，更成为纪念馆里一道与众不同的风景。

2015 年 11 月，柳荫街小学和纪念馆一起举办了 2015 年度二年级的入队仪式。新入队的同学们戴着鲜艳的红领巾，在金色的银杏树下、郭沫若的铜像旁，高呼"为共产主义事业时刻准备着"。同学们的笑脸是那么灿烂，他们的宣誓是那么响亮，他们像一朵朵含苞待放的花朵，让郭沫若纪念馆的四合院中生气勃勃。

五　一次专题展览

除了在共建学校进行巡回展览、在纪念馆开展相关活动以外，纪念馆还把共建学校的同学们的书画作品在纪念馆展出。2015 年 4 月，郭沫若纪念馆与共建学校——北京启喑实验学校共同推出学生原创艺术展"心灵的对话——启喑艺术展"，在纪念馆展出。此次展览受到了社会各界的广泛关注，北京卫视《北京您早》等栏目对该展览进行了新闻报道。这也带动了大家关注青少年特殊群体。

北京启喑实验学校与郭沫若纪念馆，早在 1991 年就建立了共建关系。北京启喑实验学校是在党和国家领导人的关心和重视下成立起来的，是一所全国知名的优秀特殊教育学校。学校为了让学生成为有用之才，坚持大美育观，以美育人，以艺育人。

北京启喑实验学校的同学们对郭沫若有着特殊的感情，因为他们知道郭沫若也是聋人，他因两次伤寒造成两耳几乎丧失了听力，助听器陪伴了他一生。此次同学们展出的艺术作品，有的用笔与郭老对话，勾勒出自己的怀念之情；有的则展开想象的翅膀，描绘世间美好的景物。作品题材丰富而广泛。在和北京启喑实验学校的老师们布置展览时，老师们也多次提到，同学们都为自己的作品可以在郭沫若纪念馆展出而感到光荣自豪，学校的领导和老师们也是不止一次地感谢能有郭沫若纪念馆这样的平台，可以充分展现同学们的艺术才华。

　　多年来，借助共建的平台，郭沫若纪念馆配合各共建学校举办了形式多样的爱国主义教育活动，加强了对青少年的爱国主义宣传和教育，拓展了青少年的校外教育渠道。作为一名社会教育工作者，我感到身上责任重大，在未来的工作中，在不断地实践和探索中，我们将更新观念，开拓进取，充分发挥爱国主义教育示范基地的作用。

作者系郭沫若纪念馆助理馆员

馆舍小天地　联盟大舞台

——参加八家名人故居联盟工作的几点体会

尉　苗

北京是一座拥有 3000 年建城史、800 年建都史的历史文化名城，自古就是政治、文化中心。北京也是五四运动的发源地，众多仁人志士曾会聚北京，为国为民奔走四方，流血流汗，为建立新中国创下卓越功勋。其中一大批革命家、文学家及艺术家曾居住于此，在北京留下了他们生活的印记和革命的足迹。那些旧的宅院保留着大师们的气息，也承载着整个老北京城的历史和记忆。

从 2000 年起，宋庆龄故居、李大钊故居、北京鲁迅博物馆、郭沫若纪念馆、茅盾故居、老舍纪念馆、徐悲鸿纪念馆、梅兰芳纪念馆组成八家名人故居联盟，就像一条项链，把散落在北京城街头巷尾的一颗颗珍珠串联起来。经过 15 年的合作与发展，八家名人故居联盟取得了一系列的成果。作为联盟的重要成员，老舍纪念馆自始至终响应联盟号召，开展多项有益活动，在弘扬名人革命精神、传承名人优良传统等方面起到了重要的作用。而我自 2008 年进入老舍纪念馆工作以来，也一直参与联盟的多项活动，深感受益匪浅。这里我想结合多年来自己参与八家联盟工作的亲身经历，谈几点感受。

一　联盟是新形势下小型博物馆生存的有效途径

据统计，北京市现有数百家各种类型博物馆，而小博物馆尤多。无论从规模、藏品和综合资源而言，小博物馆相对于故宫博物院、国家博物馆、首都博物馆之类的传统大馆，要想实现可持续发展，相对艰难。

名人纪念馆多为中小型博物馆，场馆面积、藏品数量、资金、人力以及展示等均相对较弱；相应的，在学术研究、藏品展示和社会教育等功能的发挥上受到一定程度的限制。虽然近些年在国家支持下，各方面有所加强，但总体看来仍显得比较薄弱，无法像大型博物馆那样大张旗鼓地开展工作。以老舍纪念馆为例，改扩建工程一直未能达成，全馆总面积只有 300 多平方米，展厅面积更为有限。此外，工作人员有限，纪念馆免费开放，全部经费来自政府拨款，这都使得开展起工作捉襟见肘。而正是八家名人故居联盟齐心协作，合作推出一系列外出巡展，让老舍先生的足迹不仅遍布了全国各地，而且走向了世界。

在新的形势下，如何让小博物馆更好地开展工作，实现可持续发展，是一个亟待解决的问题。而合纵连横，地区内部、行业内部或者性质相近的博物馆组成像八家名人故居一样的联盟，聚群而居，无疑是小博物馆生存的有效途径。

二　1 + 1 > 2 效应：集体大于部分之和

古希腊哲学家亚里士多德有句名言："整体大于它的各部分的总和"。整体不是将多个部分进行简单堆砌，而是将这些部分有效地组合成一个新的有机体。所以，优化的系统整体大于部分的总和。

经过这么多年的实践，我们发现，八家组成一个联盟开展一系列工作，效果远大于八家以前各自效果的总和。这就是集体的力量，或者套用现在的流行说法，是健康生态群落的力量。八家博物馆作为生态群落的一个有机部分，各自发挥所长，避免各自所短，实现了文化传播效果最大化，充分利用现有资源，实现了更大的价值。

三　个人在集体中成长更快

在一个更大的集体中，个人更容易实践自身的价值，也成长更快。

我是 2008 年 7 月初进入老舍纪念馆的，刚进单位就有同事送我一份名人故居联盟的套票，这是我第一次接触到八家联盟，也是第一次知道我们馆和其他名人故居馆之间也有这么一个兄弟同盟。

工作半个月后，我迎来了在月坛公园八家的第一次联合活动"名人与北京历史文化展"。以后的几年里，八家活动始终占据着我工作中很大的一块，而一年一度的八家主题展览，随着我的成长，也渐渐成为业务展览工作的一个亮点。在八家名人故居联盟这样一个大家庭中，通过与各位师长以及兄弟姐妹相互学习和一年年展览任务的历练，我由门外汉渐渐成长为一个初入门的博物馆人。

如果说 2008 年我只是初步了解了八家的工作，那么，自 2009 年开始，我算是正式投入到八家联盟的具体活动中。如一年一度清明节举行的"清明时节缅怀名人走进故居""以鲜花代门票"等系列活动；每年的"5·18 国际博物馆日"，八家联合举办的展览与现场活动。2009年、2010 年，在中国国际展览中心举办的"第四届中国北京国际文化创意博览会"上，活动现场八家的展位联合在一起，共同展示我们的文化创意产品，并且共同策划演出、有奖问答等活动，与观众精彩互动。每年六一儿童节，我们八家也会携手，为孩子们策划他们喜欢的展览和现场互动活动。

八家名人故居联盟有个规定，每年推选一家做东，负责策划组织活动，并组织推出一个主题展览。自 2009 年至今，我几乎参与了每一主题的大纲撰写等工作。其中，2011 年恰好是由我们老舍纪念馆主持当年的八家名人故居纪念馆的合作工作。这一年，我们八家推出了"红色记忆——文化名人与中国共产党"的主题展览，并与北京志愿者联合会携手，把展览送到了在北京打工子弟学校——星河双语学校的校园里，随后在多个学校和单位巡展。在这次的活动中，我除了负责展览大纲的撰写，同时也参与了整个活动的筹备、接洽与协调等，自身的各个方面得到了锻炼和发展。

在与兄弟馆的工作交流中，我收获良多。除去 2011 年度由我们馆主持工作，在其他每一年的展览活动中，每次也都会给我新的启发和收获。

第一，从展览策划的角度来说，每年八家展览活动主题的选择都非常具有启发意义，例如 2011 年中国共产党建党 90 周年，我们推出了"红色记忆——文化名人与中国共产党"展览。2012 年继承爱国这一主题，我们推出"为了中国的崛起——文化名人的爱国情怀"展览。2013 年推出"创造辉煌——文化名人与文化创新"主题展览，同年配合西城区爱国主义宣传月，我们推出"访文化名人，看传统老宅、赏古树名木"展览，并在八馆进行巡展。2014 年，我们推出"大家风范　中国精神——20 世纪文化名人的人格与家风"主题展览。这些年，每一年的活动以及每一个展览主题，无不是大家精心筹划的结果。几年的合作中，我学会了如何在众多的素材中兼顾时事热点，找到一个具有吸引力的切入点。

第二，由于是八家共同办展，每次展览主题确定后，都会提出相应的要求，然后由各个馆独自完成撰写，之后再汇总，这个过程需要联盟的审核，如果不能达到要求，则需要修正和改进。在大家提出的宝贵意见中，在这一次次的修改里，我的个人业务能力和展览写作水平得到了提升。同时，围绕着同一主题的展览做出来后，八家的展板放在一起，很快就会发现别人的优势和自己的不足，例如在"大家风范　中国精神——20 世纪文化名人的人格与家风"展览中，看到了北京鲁迅博物馆的展板。我发现，自己的展览存在文字太多的缺点，在以后的展览大纲撰写中，我尽量做到详略得当，多用图片展示，增加观众对展览内容的兴趣。通过联合展览中同一主题与别人的对比，我更容易发现自己的不足，进而学习他人优点，更好地提高自己的业务水平。

第三，不同的馆各有侧重和优势，比如徐悲鸿在绘画方面的优势，梅兰芳在戏剧方面的优势等，与兄弟馆的交流合作，使我学到了许多的知识。例如 2014 年，我参加了"大家风范　中国精神——20 世纪文化名人的人格与家风"展览在华中农业大学的巡展，除了以前的大纲撰写工作，这次我参与了完整的布展过程。有徐悲鸿纪念馆这样专业的同事指导，我的布展工作更为规范和准确。另外在这次活动中，徐悲鸿纪念馆的佟刚老师以及梅兰芳纪念馆的梅玮老师分别作了专题讲座。由于老舍先生爱好广泛，戏曲、绘画等都有涉足，通过与他们的共事与交流，我拓展了业务知识的深度与广度。以上这些对我自己的业务能力有很大的提高。在与其他纪念馆同行的接触中，不论是讲解接待、职业热情还是专业素养，他们都给我留下了很深刻的印象。八家平台让我在更大的舞台得到了锻炼，对今后开展其他工作无疑有深远的影响。

到 2015 年，名人故居联盟已经携手走过了 16 个春秋。这些年来，八家博物馆联合，每年推出一个主题，轮流坐庄组织，汇聚各故居所藏相关文献和文物等，进行综合展示，让展览走出馆舍小天地，走出北京，甚至走出国门，扩大了影响力，彰显了文化软实力。

今后，我想八家博物馆还将继续采用这种形式，在建设文化强国的国家战略的指导下，继承八位名人的优良传统，为国家作出更大的贡献。我也将继续干好本职工作，响应联盟号召，认真完成每一项工作，为继承和发扬名人精神贡献自己的力量。

作者系老舍纪念馆馆员

山城巡展感怀

刘 名

车驰过一个又一个的山头,
没入群峦蜿蜒隐现的山路崎岖地向远方延伸,
窗外别样倏来瞬去流转的风景向我们昭示:
这就是皇天后土的山城。

在抗战胜利 70 周年的今天,
与八大名人一起故地重返,
远久的感怀,山城的巨变,
让激动与热血澎涌心田。

70 年前,山城迷蒙的硝烟与凄风冷雨相伴,
随处可见《巴人汲水》的艰难和《傒我后》的望眼欲穿。
在《茶馆》《女神》的吟唱,《子夜》的品谈,
让"国家兴亡,匹夫有责"的抗战信念在民众心中弥坚。
鲁迅铿锵的《呐喊》,畹华梨园激越的鼓点与李大钊的《新青年》,
把宛平古城墙枪弹穿凿的青砖与川军的铮铮铁骨相连,
用《愚公移山》的信念悲壮了华夏子孙不朽的抗战画卷。

今天,徜徉在祥和、富裕、秀丽的山水间,
库区的人们是那样的感念,看到八名人的展览,他们喜上眉弯。

云集在三峡学院，领略先贤们富贵不淫威武不屈的士子风范，
感受他们才学冠群心忧天下为民请命的赤子胸襟和情感。

开幕式上，
浑圆高亢的国粹京韵，
余音绕梁的古乐琴声，
毫挥墨起的丹青锦绣，
还有八名人与三峡学院助学协议的签订
都是爱国、创新民族精神的弘扬和传承。

展厅内，莘莘学子流连忘返的身影，
专注聆听的神态、迷眷神往的眼神、一丝不苟的探究，
还有信心百倍立志追求的宣言，
都是对八名人殷殷希冀继往开来的续篇。

深深地被感染，用心承载扬帆我们的巡展，
不用什么许诺，也不用什么誓言，
足下坚定的脚印风雨无阻一路向前，
身后是八名人满含期许的注目和欣慰的笑颜。

作者系徐悲鸿纪念馆高级讲师

第三部分

经典案例

国外巡展纪实
——"中华名人展"赴肯尼亚展出

梁雪松

一　展览主旨

中国和肯尼亚两国有着深厚的友谊,中国明代著名航海家郑和率船队七下西洋时,就曾到访肯尼亚。自 1963 年 12 月 14 日中肯建交以来,两国友好合作关系发展顺利,两国人民之间的友谊不断加深。肯尼亚是中国在东非的重要合作伙伴,近年来,双方在经贸、文化、教育等领域的合作不断加强。2014 年 5 月,国务院总理李克强访问肯尼亚,与当地政府签署包括价值 38 亿美元的蒙巴萨—内罗毕铁路在内的一系列商贸协定。中肯高层互访频繁,两国经贸关系不断发展,文化交流也进入一个新的阶段。

在此背景下,北京八家名人故居纪念馆联盟应肯尼亚国家博物馆、内罗毕大学等文化机构邀请,组成代表团,于 2015 年 10 月赴肯尼亚进行文化访问,并将"中华名人展"第一次带上非洲大陆。"中华名人展"以介绍 20 世纪中国八位文化名人的生平为主题,通过图片展的形式,集中展示了对近现代中国文化产生了重要影响、具有代表性意义的这几位杰出文化人物的不朽事迹与丰功伟业。十几年来,展览先后在十几个国家和地区的文化中心、重点大学展出,受到了当地民众的欢迎和好评。

二　展览主办单位

（一）中方

宋庆龄故居、李大钊故居、北京鲁迅博物馆、郭沫若纪念馆、茅盾故居、老舍纪念馆、徐悲鸿纪念馆、梅兰芳纪念馆。

（二）肯尼亚方

肯尼亚国家博物馆、内罗毕大学、内罗毕大学孔子学院。

三　展览时间

2015年10月26日至29日。

四　展览地点

首展设于肯尼亚国家博物馆，随后展览交由内罗毕大学孔子学院，由孔子学院继续负责在肯尼亚其他城市巡展。

五　展览开幕式与文化活动

（一）开幕式

当地时间10月26日下午，"中华名人展"图片展开幕式在内罗毕国家博物馆成功举行。出席展览开幕式的肯方人员有肯尼亚国家参议院副议长金比·吉图拉（Kimbe Gitura），肯尼亚国家博物馆的馆长米扎兰朵·吉布贾（Mzalendo Kibunjia）等，参加开幕式的中方人士包括内罗毕大学孔子学院院长撒德全等。开幕式由撒德全主持，吉图拉、吉布贾分别发表了热情洋溢的讲话，祝贺本次展览顺利举行，并欢迎代表团的来访。代表团团长刘祯发表讲话，并向肯尼亚国家博物馆赠送了复制品。在中肯双方代表共同剪彩后，展览正式开幕。代表团与嘉宾和孔子学院师生们一同参观了展览，并就展览内容进行了交流。开幕式结尾，孔子学院学生们还演唱了中文歌曲《肯尼亚、中国是一家》《同一首歌》等，将整个活动推向高潮。中国在肯的华人华商、留学生以及肯尼亚各界人士约 100 人出席了当天的活动。新华社驻肯尼亚记者及肯尼亚相关新闻媒体第一时间对活动进行了报道。

（二）相关文化活动

开幕式当天，代表团成员在内罗毕国家博物馆同行的陪同下，参观了国家博物馆。随后，博物馆同行间进行了友好的座谈，双方就进一步合作展开了广泛的探讨。次日，代表团访问内罗毕大学。在内罗毕大学，代表团受到了两位副校长亨利·木托洛（Henry W. Mutoro）和伊萨克·默（Isaac M. Mbeche）的热情接待。随后，代表团与内罗毕孔子学院师生进行了座谈，对学生们感兴趣的中华文化问题进行了解答与交流。内罗毕大学孔子学院成立于 2005 年，是整个非洲第一所孔子学院，为传播中国文化和国际文化交流起到了巨大的推动作用。

作者系郭沫若纪念馆文物室副研究员

"中华名人展"代表团团长刘祯在展览
开幕式上的致辞

　　尊敬的肯尼亚国家参议院副议长金比·吉图拉阁下，尊敬的内罗毕国家博物馆米扎兰朵·吉布贾博士，尊敬的肯尼亚内罗毕大学孔子学院院长撒德全先生，女士们、先生们，大家下午好！

　　感谢大家来到肯尼亚内罗毕国家博物馆，参加在这里举行的"中华名人展"开幕式。在此，我谨代表这次参展的中国北京八家名人故居、纪念馆联盟，向到场的各位嘉宾表示热烈的欢迎！向大力支持此次展览的肯尼亚国家博物馆、肯尼亚内罗毕大学孔子学院，以及所有为此作出贡献的中肯有关单位和人士，表示衷心的感谢！

　　这是我们第一次来到肯尼亚，来到非洲举办"中华名人展"。对此我们感到十分高兴和荣幸。我们想借此机会进一步加强我们与肯尼亚和非洲同行的交流与合作，并向兄弟的肯尼亚人民和非洲人民表达我们崇高的敬意和美好祝愿！

　　"中华名人展"已经多次成功地在国内外举办过系列巡回展览，并且成为北京博物馆界一个重要的文化品牌。这次"中华名人展"来到肯尼亚，打算通过图片、文字等方式，向肯尼亚人民展现 20 世纪为中华民族的崛起作出特殊贡献的八位名人。他们分别是 20 世纪的伟大女性宋庆龄、中国共产党主要创始人之一李大钊、新文化运动先驱鲁迅、文化巨匠郭沫若、中国现代文学泰斗茅盾、人民艺术家老舍、中国绘画大师徐悲鸿，以及杰出的京剧表演艺术大师梅兰芳。

　　20 世纪是中国经历巨大变革的一个世纪，在这波澜壮阔的历史长河中涌现出了许多杰出的人物，他们推进了中国历史的前进，为中华民族留下了丰富多彩的历史记忆。

每一个国家、每一个民族都孕育了自己的杰出人物，他们既是各个国家和民族的巨大精神财富，也是人类文明共同拥有的精神财富。

对中国人来说，肯尼亚是一个极为友好和亲切的国家，非洲是一个极为友好和亲切的大陆。中国与肯尼亚、中国与非洲有着深厚的传统友谊。早在 1403—1433 年，中国著名航海家郑和就曾率领他的船队来到过非洲，来到过肯尼亚，并且留下了许多佳话。

自 1963 年 12 月 14 日中肯建交以来，两国友好合作关系发展顺利，成果丰硕。据刘显法大使介绍，2015 年来，中肯经贸投资合作快速增长，中国现已成为肯尼亚第一大贸易伙伴和第一大直接投资来源国；中肯两国教育、文化、旅游合作深入拓展，两国人民交流更加活跃，中国已成为肯尼亚在亚洲的第二大游客来源国。肯尼亚也是中国在东非的重要合作伙伴，近年来，双方在经贸、文化、教育等领域的合作不断加强。2005 年 12 月，中国在肯尼亚首都内罗毕建成了非洲第一所孔子学院。2006 年 2 月，中国国际广播电台在中国境外开设的第一家调频广播电台在内罗毕开播。2013 年 8 月，肯雅塔总统对中国进行了成功的国事访问，双方宣布建立中肯平等互信、互利共赢的全面合作伙伴关系。

我们希望此次展览能进一步推动中肯两国的文化交流，增进肯方民众对中国的了解，进而为中肯传统友好关系增光添彩。希望肯尼亚人民通过此次图片展能够认识这八位伟大的中华名人，并从他们的人生轨迹和伟大事迹中感受到百年来中国历史的发展进程，以此增进肯中之间的文化交流，深化两国之间的了解和友谊。

我们还希望借这次访问肯尼亚的机会，进一步了解肯尼亚的悠久历史、灿烂文明和贤达名人，以及肯尼亚独立以来所取得的成绩和进步。相信我们还有机会充分感受和体验肯尼亚民众对中国的友好之情，为此我们备感荣幸和骄傲！

最后，再次感谢为此次展览作出贡献的中肯双方有关机构和人士。希望此次"中华名人展"取得圆满成功！

谢谢大家！

"中华名人展"赴肯尼亚展览总结报告

应肯尼亚国家博物馆、内罗毕大学邀请,北京八家名人故居联盟(宋庆龄故居、李大钊故居、北京鲁迅博物馆、郭沫若纪念馆、茅盾故居、老舍纪念馆、徐悲鸿纪念馆、梅兰芳纪念馆)组成代表团,于2015年10月25日至29日赴肯尼亚首都内罗毕,举办"中华名人展"展览,并进行博物馆学术交流活动。

一 出访人员与任务

2015年10月25日至29日,代表团在肯尼亚国家博物馆举办大型图片展览"中华名人展"。之后代表团还访问了内罗毕国家博物馆、内罗毕大学及内罗毕大学孔子学院等文化学术机构,与内罗毕当地的同类型博物馆、大学、文化中心等公众教育机构进行交流,探讨人物类博物馆、古建遗址类博物馆未来的发展趋势,以及博物馆的可持续发展等问题,并商讨共同举办展览、文化活动的相关事宜。

二 出访成果

(一)成功举办大型图片展览"中华名人展"

当地时间10月26日下午,"中华名人展"图片展开幕式在内罗毕国家博物馆成功举行。该展览为大型图片文献展,旨在宣传八位20世纪中国文化名人为中国文化、世界和平事业所做的杰出贡献。本次赴肯尼亚展出是该展首次访问非洲国家，意义重大。

出席展览开幕式的肯方人员有肯尼亚国家参议院副议长金比·吉图拉（Kimbe Gitura），肯尼亚国家博物馆馆长米扎兰朵·吉布贾（Mzalendo Kibunjia）等，参加开幕式的中方人士包括内罗毕大学孔子学院院长撒德全等。开幕式由撒德全主持，吉图拉、吉布贾分别发表了热情洋溢的讲话，祝贺本次展览顺利举行，并欢迎代表团的来访。代表团团长刘祯发表讲话，并向肯尼亚国家博物馆赠送了复制品。在中肯双方代表共同剪彩后，展览正式开幕。代表团与嘉宾和孔子学院师生们一同参观了展览，并就展览内容进行了交流。开幕式结尾，孔子学院的学生们还演唱了中文歌曲《肯尼亚、中国是一家》《同一首歌》等，将整个活动推向高潮。

中国在肯的华人华商、留学生以及肯尼亚各界人士约 100 人出席了当天的活动。新华社驻肯尼亚记者及肯尼亚相关新闻媒体第一时间对活动进行了报道。

（二）访问博物馆、大学等文化机构，进行博物馆及学术业务交流

展览开幕后，代表团与肯尼亚国家博物馆同行进行了业务交流座谈，双方就进一步合作展开了广泛的探讨。肯尼亚国家博物馆位于内罗毕市中心，系中东部非洲最为著名的博物馆之一。1910 年由英属东非自然历史协会发起修建，迄今已有百年历史。除总部内罗毕展馆外，下设 16 个地区博物馆和几处历史遗迹陈列馆。馆内陈列有人类、鸟类、海洋生物起源和地质演变等方面的展品以及古代地图和绘画等。在交流中，博物馆馆长米扎兰朵·吉布贾谈及博物馆现有馆舍部分属历史遗迹，另有部分新展厅由中国援助修建。近年来，博物馆在物质上得到中国方面很大的帮助，而此次"中华名人展"及 20 世纪八位文化名人故居组成代表团访肯，则为以后两国博物馆界文化领域的交流开启新的篇章。随后，代表团成员与国家博物馆同人就历史文化遗产博物馆的文化产品开发与文化传播，开展了深入的交流和探讨。

次日，代表团访问内罗毕大学。在内罗毕大学，代表团受到了两位副校长亨利·木托洛（Henry W. Mutoro）和伊萨克·默（Isaac

M. Mbeche）的热情接待。随后，代表团与内罗毕孔子学院师生进行了座谈，对学生们感兴趣的中华文化问题进行了解答与交流。内罗毕大学孔子学院成立于 2005 年，是整个非洲第一所孔子学院，为传播中国文化和国际文化交流起到了巨大的推动作用。

三　体会与建议

首先，此次代表团一行出访肯尼亚活动，大家深深感受到中肯之间联系的日益增强，也被肯尼亚这一非洲国家所体现的勃勃生机所震撼。这是"中华名人展"第一次走入非洲，代表团成员出发前大多对肯尼亚印象不深，对这个东非国度的概念依旧停留在陈旧落后上。而抵达后，内罗毕街景大大颠覆了所有团员的印象：作为东非第一大城市，除了街头行走人群的肤色，这里与亚洲、欧洲任意一个现代都市几无不同。联合国更是在此设有由环境署和人居署的总部组成的办事处，它是联合国唯一设在第三世界国家的办事处级别的机构。

让人欣慰的是，在这片繁华发展的景象中，无处不闪现着中国的影子。从机场往市中心高速路两边，不时闪过标有中文的中国企业广告牌；在市中心最高在建建筑的工地，更高悬着"中国武夷"的施工公司标志。2014 年 5 月，国务院总理李克强访问肯尼亚，与当地政府签署包括价值 38 亿美元的蒙巴萨—内罗毕铁路在内的一系列订单。中肯高层互访频繁，两国经贸关系不断发展。肯尼亚更成为中国"一带一路"战略中"海上丝绸之路"的重要节点。出席展览开幕式的副议长吉图拉在致辞中特别强调："现阶段，中肯两国间已经建立起了强大的经济商贸纽带，肯尼亚经济近年来的发展大大得益于中国的援助。在此基础之上，推进两国间文化领域的交流会对未来消除中肯两国人民文化隔阂，促进经济的进一步发展起到重要作用。而本次展览通过中国 20 世纪文化名人的生平与事迹，为肯尼亚人民认识一个更新、更全面的中国，起到了文化桥梁的作用。"在与肯尼亚观众交谈中，他们也热情地称赞这个展览是丝绸之路上的一次文化之旅，他们要来中国，亲自感受中国文化的魅力。

其次，本次展览活动让代表团成员再一次反思中国人"走向世界"行为背后更深刻的文化驱动力。由于航班原因，本次活动中原定与当地华人华商代表座谈活动因故取消，但在展览开幕式接待工作及与孔子学院中方老师的学术交流中，可以深深感受到身在异乡的华人对祖国的思念，对祖国文化的渴求。据撒德全院长介绍，在肯尼亚长期居留的中国人已超过 10 万，这是中国经济腾飞、国家日益融入全球化进程的必然结果。如何挖掘这一现象背后深厚的文化内涵，充分发挥祖国文化的向心作用，是博物馆人应该深刻思考的。

博物馆是城市乃至国家的"金名片"，博物馆展览在文化宣传活动中有着无可替代的地位，对提升民族文化自豪感有着潜移默化的作用。这一切清楚地写在参加本次展览开幕式的中方人员的脸上，为肯尼亚学生介绍中国文化名人时，代表团成员和孔子学院中方老师的骄傲是溢于言表的。应该看到，身处海外的国人正是传递中国社会正能量、展现中国文化软实力的重要载体。随着中国在未来世界发挥的作用越来越大，充分发掘发挥海外华人的文化影响力必不可少。

总之，此次"中华名人展"展览出访任务圆满完成。肯尼亚之行让我们看到了新的机遇与挑战：中国在国际事务中扮演着越来越重要的角色，与之相应如何提升中国文化的世界地位是值得思考的问题。作为博物馆人，我们深刻感受到，进一步发挥展览的宣传作用，把越来越多我国社会科学领域新的研究成果转化为人民可以直接理解的展示内容并推向世界，是我们未来工作的重点。

第四部分

学术论坛

抗战版画与民族精神

——从鲁迅倡导新兴木刻说起

黄乔生

中国新兴版画是在鲁迅的倡导和培育下成长起来的,在抗日战争中达到成熟,为反映抗日战争、弘扬民族精神作出了杰出的贡献(图二五)。

1931年8月,鲁迅与"一八艺社"等木刻社团在上海举办木刻讲习会,这被视为中国现代新兴版画的开端。就在一个月后,日本侵略者发动九一八事变,占领了东北三省。当天,江丰、陈铁耕等就用油印机印刷抗日内容的小画报和木刻传单,张贴街头。在随后的一·二八淞沪抗战中,中国军队有力地阻击了日军,木刻工作者也同样积极参加战争动员活动。鲁迅的住所就离交战区不远。可以说,鲁迅从抗战一开始就参加了有关的宣传文化活动。1936年10月,鲁迅在去世10天前,还抱病参观了"第二回全国木刻流动展览会",与青年木刻工作者亲切交谈,对他们的作品提出意见。

鲁迅虽然没有看到日本帝国主义全面侵华战争的爆发,但他的影响贯穿抗日战争全过程。

一

木板印刷术起源于中国,至明代达到鼎盛,清中叶后逐渐衰落。木刻传入西方后,到了近代产生创作版画,画刻合一,亦称"新兴版画"。

图二五　北京鲁迅博物馆黄乔生研究馆员在重庆三峡学院作学术报告

　　鲁迅从欧洲引入创作版画，意在复兴中国传统艺术。在贫穷、落后的旧中国，油画、国画、雕塑的创作条件并不好。版画，如鲁迅所说，用"一副铁笔和几块木板"就能发展得"蓬蓬勃勃"，且可一版多印，行远及众，"是正合于现代中国的一种艺术"。1930 年 2 月，鲁迅在《新俄画选·小引》中还说："当革命时，版画之用最广，虽极匆忙，顷刻能办。"

　　鲁迅在 1931 年 8 月举办"木刻讲习会"之前，已经做了很多工作。1929 年，鲁迅与柔石、崔真吾、王方仁等以"朝华社"名义，出版了《近代木刻选集》（两集）、《新俄画选》等书，介绍欧洲木刻艺术。鲁迅一生的最后几年，自费印行或为图书公司编选了近 10 部国外优秀版画家作品。他还举办展览，向中国艺术界和民众介绍外国优秀版画，希望青年作者多接触外国版画原作，从中得到启发。1930 年 10 月，鲁迅联合几位友人，在上海四川北路的一家商店楼上开办了中国近现代史上第一个版画展览会——"世界版画展览会"。此后，他参与举办的展览还有多个，展出的版画家包括德国的珂勒惠支、梅斐尔德、法宁盖尔、亚尔启本珂、珂珂式加，比利时的麦绥莱勒，苏联的法复尔斯基、克拉甫兼珂、冈察诺夫、毕斯凯莱夫、亚历克谢夫、希仁斯基、莫察罗夫等。

鲁迅提倡版画尤其是木刻，一方面意在复兴中国传统艺术形式，另一方面着眼于倡导一种艺术精神，一种现实主义创作态度。鲁迅主张"为社会而艺术"，这是他倾向于版画特别是木刻的原因之一。在为《凯绥·珂勒惠支版画选集》撰写的序目中，他赞同德国评论家豪森斯坦（Wilhelm Hausenstein）评价珂勒惠支的话：艺术是"和颇深的生活相联系"的，应该"紧握着世事的形象"。珂勒惠支有感于周围人们的凄惨生活，加上自己的亲身经历，为时、为事特别是为人而做，故能打动人心。鲁迅还引用罗曼·罗兰（Romain Rolland）的评价："凯绥·珂勒惠支的作品是现代德国的最伟大的诗歌，它照出穷人与平民的困苦和悲痛。这有丈夫气概的妇人，用了阴郁和纤秾的同情，把这些收在她的眼中，她的慈母的腕里了。这是做了牺牲的人民的沉默的声音。"鲁迅赞赏珂勒惠支"以深广的慈母之爱，为一切被侮辱和损害者悲哀，抗议，愤怒，斗争；所取的题材大抵是困苦，饥饿，流离，疾病，死亡，然而也有呼号，挣扎，联合和奋起"。珂勒惠支关注德国民众特别是底层社会平民的生活，中国艺术家当能从中获得共鸣，因为她所刻画的场景，正可移作中国人民现实处境的写照。

新兴版画从一开始就肩负庄严的历史使命，秉承为人生、为大众的崇高理想。

木刻艺术与左翼文艺思潮有密切关系。20世纪20年代末，杭州国立艺专"西湖·一八艺社"中，一批进步学生与该社所奉行的"为艺术而艺术"的主张决裂，另组"一八艺社"，提倡为人民大众的艺术，是美术界"普罗"意识觉醒的标志。1930年夏天，左翼美术家联盟在上海成立，标志着中国左翼美术运动的兴起。鲁迅给予这些组织大力支持，对美术青年悉心指导。1930年2月至3月，鲁迅两次到上海中华艺术大学，针对当时美术界现状，在该校文学科和西洋画科作了两次讲演，提出了美术的现实主义（新写实主义）问题，对新派画（现代主义）中的一些不良倾向给予批评。

新兴版画密切联系社会现实，贴近人民大众生活，是人民的艺术、进步的艺术。反压迫、反侵略是正义的事业。左翼文艺的思想内核，正是对侵略、压迫的愤恨和对人民的爱。

抗日战争爆发后，木刻以高昂的战斗姿态投入抗战洪流，肩负时代赋予的使命和责任，深入民众，宣传抗战，成为中国反法西斯文艺战线上的一支先锋队，成为中国现代美术的领军。正是在抗日战争中，以木刻为代表的现实主义美术确立了在中国现代美术史上的主导地位。1943年10月16日，李桦在《新华日报》上发表《木刻运动十三年》，文中写道：

中国的新兴木刻运动并不是单纯以提倡木刻艺术本身为目的，而是以木刻作为一道桥梁或是一座土台，在达到建立绘画上的现实主义的一种运动。换句话说，木刻运动不单是以介绍或创作木刻，使社会晓得木刻是一种什么东西，使画坛上有了木刻艺术的地位而满足，而其终极目的却是要广泛地建立美术的现实主义……当木刻运动发展到一定程度，就是说当这个现实主义的土台已经筑成了的时候，她一定要转变成为一种广泛的绘画现实主义运动，才有光明的前途。

抗战时期的木刻运动，完成了从单纯的政治宣传工具到艺术运动，并且从单纯的木刻版画扩展到整个绘画领域的重大转变，这与新兴版画的现实主义基础密不可分。

版画家万湜思的经历，可以说明抗战版画与左翼文艺运动之间血脉相通。

万湜思原名姚思铨，1914年生于浙江桐庐，1943年去世。他在短暂的生命中做了很多工作，是一位勤奋的天才。他自幼喜爱文学和美术，在中学时就组织"白煤学社"，取义像煤一样"燃烧自己，献出光和热"。他在学校自学英语和世界语，笔名万湜思取自世界语VENDIS，意为"献出"。他23岁时就用世界语翻译了马雅可夫斯基的长诗《呐喊》，由上海现实出版社出版。万湜思从事木刻，并没有受过科班训练，完全是因为热爱，自学成才。他的木刻作品，刀法细致有力，善于表现人物的情感。1939 年抗日战争进入相持阶段，万湜思与野夫、金逢孙等在金华成立了"浙江省战时木刻研究社"，编辑刊物，培训青年。万湜思担任副社长和金华地区函授班指导教师。木刻函授班的学员分布内地七个省，工作量很大，繁忙的工作损害了万湜思的健康。为了让木刻起到更大的教育作用，万湜思与同事们创办了综合性文艺月刊《刀与笔》杂志，万湜思任主编。他在创刊号上发表的《刀与笔》一文中说："为什么拿起刀与笔呢？说来简单，有一分热，发一分光，有什么，便发挥什么，只要对于目前的民族解放战争有所裨益。"1942 年，战况更紧，万湜思肺病加剧，不得不到缙云县养病。他在养病期间，还翻译和创作了多部作品，如《黑屋及其他》《知识分子论集》《袁法富之死》《窗及其他》，修订再版了《呐喊》。他还准备出版另一册木刻集，因去世而未能实现。

　　《中国战斗》二十多幅作品，有刻画战争给人民带来巨大苦难的，如《炸后》《带着没有被炸毁的》等。后者刻画两个妇女，一个背着孩子，一个以树枝当拐杖，走在逃亡路上，轰炸使他们一无所有。有反映敌占区人民悲惨生活的，如《宣抚》《溜回老家作顺民的第一课》等。前者刻画中国人被绑在一棵棵树上，侵略者拿着鞭子，趾高气扬一路走过去，极具讽刺意味。更多的是描写战争场面尤其是游击队的战斗场景，如《出击》《防守》《一枪打一个》《前仆后继》《游击队之歌》《我们在富春江上》等。刻画军民生活场景的作品《今牧歌》，画面上林中一男一女两个战士，男子坐着休息，女子用枪支撑着身体，一匹马在旁边吃草。《军民合作》上有两个人在收割庄稼，一个军人，一个农民。《庆祝丰收》的画面上，一个健壮有力的农民振臂高呼，具有鲜明的左翼文艺风格，当是取法于鲁迅介绍的西方版画。

二

　　鲁迅为抗日战争这场伟大的民族革命战争培育了一批版画艺术人

才。1935 年 6 月 4 日，鲁迅在《全国木刻联合展览会专辑》的序言中预言：木刻"有更光明、更伟大的事业在它的前面"，并期待自己培养的木刻"前哨"，引来"无尽的旌旗蔽空的大队"。

在木刻讲习会上，鲁迅让学员们观摩珂勒惠支刻画的战争场面，并透露给他们这样的信息：他曾委托朋友写信给珂勒惠支，请其刻画太平军的战斗场面。珂勒惠支收到了信，但表示自己不熟悉中国的历史，没有应命。鲁迅在课堂上展示的这位德国版画家的《农民战争》等作品，成为中国木刻工作者的范本。抗战时期，一些刻画战斗场面的作品，分明就有珂勒惠支影响的痕迹。

鲁迅的精神活在抗战时期。什么是鲁迅精神？志向高远，脚踏实地，积极进取，勇于斗争，永不妥协，心系大众，乐于奉献。他的诚实态度和高尚情怀教育、鼓舞了广大文艺青年。抗战期间，几乎每逢鲁迅逝世纪念日都要举行木刻展览。如为纪念鲁迅逝世三周年，《救亡日报》于 1939 年 7 月 12 日刊登征求中国、外国、古代、民间木刻作品的启事，就是由中华全国木刻协会确定、桂林分会承办的。了解这个历史进程，就能明了何以抗战时期的版画作品中有很多鲁迅的形象。

王琦在《从一帧鲁迅先生木刻像想起的——全国木展小感》（1943年 10 月重庆《新蜀报》）一文中写道，一次全国木刻展览，"一帧四色套版的鲁迅先生木刻像，挂在一间屋子的正中，黄的头发、蓝的衣服，容貌是那么和悦的，我在这帧像前看得呆住了。我仔细注视着先生的面貌，我觉得和八年前在上海八仙桥青年会四楼上第一次苏联版画展览会场里看见他和几个木刻工作者谈话时的神情没有什么两样，所可惜的是今天在空前扩大的一次全国木展会中，先生竟不能亲临会场，谆谆给我们指导和帮助了"。抗战期间，大部分木刻家能够忠诚而严肃地工作，恪守鲁迅"绝不马虎下刀"的教导，创造出精细周到的作品，这是可以告慰鲁迅的。

很多深受鲁迅影响的木刻青年成为抗战版画的骨干。江丰、陈铁耕、黄山定是木刻讲习班学员，胡一川、陈烟桥是"一八艺社"成员，力群、曹白、叶洛是木铃木刻研究会的中坚，张望、金逢孙来自 MK 木刻研究会，刘岘、黄新波来自无名木刻社，段干青、金肇野是平津木刻研究会领军人物，李桦、赖少其、唐英伟、张影、刘仑、胡其藻等均为广州现代版画会的主将。此外，罗清桢和张慧活跃在广东梅州地区，也曾得到鲁迅指导；野夫、温涛、沃渣、郭牧等，是上海铁马版画社的成员。

李桦的经历很能说明在抗日战争的洪流中，版画家如何在鲁迅精神的感召下，以艺术为现实服务的。李桦1926年毕业于广州市立美术学校，1930年留学日本，1932年回国，任教于母校。1934年，他在广州组织现代版画会，从事新兴木刻运动。期间与鲁迅通信，得到鲁迅的指导。代表作有《怒吼吧，中国！》。李桦1938年任中华全国木刻界抗敌协会理事，曾在第六战区司令部任职，组织木刻活动，创作了大量抗战题材作品。他还写了大量文章，阐释鲁迅的文艺思想，总结抗战版画的发展历程。抗战胜利后他回到上海，主持中华全国木刻协会工作，担任该会理事长，组织抗战八年木刻展等活动。

抗战期间，民族精神在版画界的一个重要体现就是精诚团结。1938年1月8日，木刻工作者们聚集武汉，用七月社的名义在汉口举办了"抗敌木刻画展览会"，《七月》杂志主编、鲁迅的弟子胡风珍藏了这些作品，现藏北京鲁迅博物馆。胡风在杂志的显要位置上刊登木刻作品和木刻活动消息，《七月》杂志成为木刻工作者联系的枢纽。

在全民抗战号召下，中国各界空前团结，而团结是抗战胜利的根本保证，是民族精神的体现。抗战木刻运动的形成、发展、壮大，与国内抗日民族统一战线建立所形成的政治文化环境有很大关系。1937年9月，国民党中央通讯社发表《中国共产党为公布国共合作宣言》，蒋介石发表庐山讲话，表示接纳中国共产党，实现再次合作。次年2月，国民政府改组军事委员会，成立"军委会政治部"。国民党人陈诚任部长，共产党人周恩来和第三党负责人黄琪翔任副部长。副部长周恩来分管的第三厅，由郭沫若任厅长，负责抗战宣传文化工作，第三厅下设艺术处美术科，集结二十多位画家，包括木刻家力群、赖少其、卢鸿基、罗工柳、王琦、丁正献等。

武汉失守后，"全国木协"迁往重庆，开展艺术活动。1942年1月，重庆成立了中国木刻研究会，并在全国各大地区成立分会。随后，中国木刻研究会先后主办两届"全国双十木展"。木刻协会在各地的分会十分活跃。李桦在长沙组织木协湖南分会，举办木刻讲座和"'七七'纪念木刻流动展览会"，出版《抗战木刻选集》和学员习作集。黄新波等在桂林广西艺术师资训练班开设木刻课程，为该地区培养木刻人才。

木刻刊物是木刻运动蓬勃发展的特征之一。抗战时期，各种形式的机印和手拓木刻画报、画片等宣传品大量出现，各地报纸杂志上发表的木刻创作及论文更多。张慧在广东兴宁出版《木刻阵地》，张在民在广西南宁出版《抗战诗画》半月刊。浙江俞乃大、金逢孙、万湜思等在金华组成"浙江省战时美术工作者协会"，编印纯粹的木刻杂志《战画》月刊。后又用"刀与笔社"名义出版兼有文字与木刻的综合杂志《刀与笔》，一半是时事评论和抗战论文，一半是漫画与木刻作品。各地附刊于报纸上的定期木刻刊物风起云涌，如重庆木研总会的三种期刊：新蜀报的《半月木刻》、国民公报的《木刻研究》、新华日报的《木刻阵线》。此外，泉州白燕艺术学社创刊的《木刻运动》，柳州日报的《草原木艺版》，兴业民报的《紫荆》，上饶前线日报的《版画艺术》《军民版画》，浙江日报的《新艺术半月刊》等，影响也较大。

抗战时期，木刻作品集的出版十分活跃。重庆政治部编印的《中国抗战木刻选集》于 1943 年初出版，收木刻 17 幅。《收获》是柳州黄图出版社为第一届全国双十木展柳州展编印的一本纪念集，内收木刻 20 幅、木刻论文 15 篇。屯溪东南漫画木刻社出版了一本《东南版画选集》。此外，《中外木刻集》是 1944 年 3 月在重庆出版的一本集子，收录作品 49 幅，大部分是历年在《中苏文化》上发表过的国内的和苏联的木刻作品，并收录外国作品 17 幅。个人木刻集更多，如唐英伟的《抗战木刻集》、胡其藻的《抗战版画集》、李东平的《战时木刻选》、杨日基的《木刻诗画》、陈仲刚等的《抗战必胜连环图》、陆田的《战地》、何其宏的《曙光木刻集》、万湜思的《中国战斗》、讷维的《黑白集》、李桦的《烟烽集》、新波的《心曲》、宋秉恒的《小品集》、邵克萍的《武夷的山、水、茶》、梁永泰《铁的动脉》等。

木刻工作者十分重视木刻的普及工作。木刻协会开展"学校木刻运动"，把木刻推进到学校里，吸收了大量的木刻拥护者和学习者。木刻作为新兴艺术，与学校的劳作课程接近，容易引起学生的兴趣。黄荣灿在西南联大组织"木刻习作会"，吸引热心木运的大学生 30 余人；浙江建德严州中学组织"严州木刻研究会"；张慧、罗清桢在广东大埔县立中学组织木刻会，并发售木刻工具；青田温州中学开设木刻课程；金华树范中学组成"木刻队"，参加抗战宣传，出版《树范木刻集》；广东开平光裕小学出版《光裕木刻集》，澄海中学出版《澄中版画》，重庆育才小学也出版了 15 岁以下儿童的习作集《幼苗集》。

延安高度重视木刻工作，1938 年设立了以鲁迅命名的艺术院校——鲁迅艺术学院，其《创立缘起》中说："培养抗战的艺术干部，在目前已是刻不容缓的工作。"学校以"鲁迅"命名，是"表示我们要向着他所开辟的道路大踏步前进"。艺术文学院设文学、音乐、美术、戏剧四个系。美术系由木刻家沃渣任主任，教员有江丰、沃渣、胡一川、张望、马达、力群、刘岘、陈铁耕、黄山定、叶洛等，大多是木刻干将。曾得到鲁迅悉心指导的木刻家刘岘在延安期间创作力旺盛，作品深得边区人民喜爱。有一年，他把手印的木刻习作送给毛泽东，并附信一封。毛泽东回信道："我不懂木刻的道理，但我喜欢看木刻。刘岘同志来边区时间不久，已有了许多作品，希望继续努力，为创造中华民族的新艺术而奋斗。"

新四军也成立了鲁迅艺术学院华中分院（盐城），木刻家在艺术系发挥着积极作用。

延安涌现了一大批优秀的木刻家，古元是其中一个杰出代表。1942年，徐悲鸿在重庆参观来自延安的木刻作品后，立即在《新民报》上撰文道："我在中华民国三十一年十月十五日下午三时，发现中国艺术界中一卓绝之天才，乃中国共产党中之大艺术家古元。"他惊呼"二十年历史的中国新版画界已诞生一巨星"，指出"古元乃是他日国际比赛中之一位选手，而他必将为中国取得光荣的"。在文章的结尾，他又补上一笔："古元之《运草》，可称为中国近代美术史上最成功作品之一。吾愿陪都人士共往欣赏之。"

木刻作品刚健有力，活泼清新，贴近现实，深受广大民众的喜爱。

1942 年 12 月 25 日，"第三届全国美术展览会"在重庆开幕。全国美展原来是所谓"学院派"的活动，以前不许木刻占有一席之地，这次却破例吸收了木刻作品。"木研会"送去了 48 幅木刻，占了版画类全数的十分之九。但组织者却把它们陈列在扶梯下的暗室中，引起观众的不满。有人写了一篇短文，题为《全国美展所见所感》，批评道："粉红衣裳的少女的画像在画廊冬阳之下微笑，作得意状，颇佳。暗黑的走廊和扶梯后面，木刻画上的战士在微微叹气。'抗战题材'叹气了。'雕虫'的'小技'自然谈不上'巧'，明珠暗投，自不能怪主持者之不对此种题材注意也。"其实，这次美展中，富有时代色彩、现实意义的作品，还以木刻为最多。这个事例也说明，观众十分爱护木刻艺术，说明木刻在抗战美术中获得了很高的地位。

三

抗战版画所表现的民族精神，不是一味的金刚怒目、苦大仇深、血腥复仇。中华民族精神是博大深厚的，表现在艺术上，并不单一、偏执。在这方面，鲁迅的文艺理念仍然起到启发和指导作用。鲁迅生前曾对只从理论出发，仿佛只有工人农民才能做绘画的题材，只有革命战斗才是爱国的观念进行了批评。例如，他不满普罗美术画工人"斜视眼，伸着特别大的拳头"，说："我以为画普罗列塔利亚应该是写实的，照工人原来的面貌，并不须画得拳头比脑袋还要大。"晚年，他在国防文学的喧闹声中，写了《"这也是生活"……》一文，主张顾及全面的真实，不能让战士在吃西瓜时，也一心想着中国土地像西瓜一样被割碎。战士要好好休息，如果整天哭丧着脸去吃喝，不多久，胃口就倒了，还抗什么敌。他总结道："战士的日常生活，是并不全部可歌可泣的，然而又无不和可歌可泣之部相关联，这才是实际上的战士。""删夷枝叶的人，决定得不到花果。"鲁迅这一理念在抗战美术活动中影响很大。木刻家力群的《这也是战士的生活》，画面上的战士在战斗之余认真读书，形象地阐释了鲁迅的理念。

木刻工作者时时以鲁迅的话自励自警："木刻艺术已得到客观的支

持，但就在这时要严防它的坠落和衰退，严防蛆虫。"抗战木刻，特别在初始阶段，难免出现一些低劣的作品。有些作品，是口号标语一类的图解，不是艺术。有的作品暴露敌人的暴行，如表现敌军烧杀、奸淫、抢劫、轰炸等题材，一味地渲染，缺少艺术性。表现敌军奸淫妇女的场面，如果处理不好，使观众看了，并不注意敌军的可恶，反把它当成一张色情画在鉴赏。还有的作品把日本飞机画得十分威武，刽子手恶狠狠地把机枪对准着地上无辜民众扫射，民众逃避的样子被表现得如丧家之犬，起到的作用可能是反面的。

现实主义创作对民族精神的诠释，是朴实的、真切的，因而才是有力的。它要求艺术家对于夸大性描绘高度警惕，慎重使用。抗战美术中，确有夸大敌人的暴行或将我军士兵的英勇姿态夸大成狰狞面目的作品。例如有一幅作品，画面上一个占画幅二分之一的中国兵，左手拿着代表正义的标帜，右手拿着盒子炮，刺刀尖上挑着一个毫无抵抗能力的日本鬼子。中国兵得意扬扬的笑脸和日本鬼子的窘态，使人见了不但不觉敌人可恶，反而有可怜他的感觉。还有一幅"以轰炸还轰炸"的宣传画，一幅日本地图上，一大群中国飞机毫不留情地把大量的炸弹往下投。有木刻工作者批评道，这表示中国的空军也和敌人的空中强盗一样，漫无目的地大肆狂炸不设防城市和非武装人民。这不是我们民族的真精神，作品没有将中国民族精神中的宽厚仁爱表现出来。我们的军队是为人类进步、为世界和平而战的正义之师。实际情况是，中国的轰炸机曾飞到东京做人道远征，不投以千磅炸弹，而投以百万份传单。

木刻工作者注重重大历史题材的创作，注意这些题材的严肃性和代表性。例如"台儿庄之胜利""南口血战""大战平型关"等，在中日战争史上而且在世界战争史上也是具有历史意义的，但美术表现却不尽如人意。对此木刻工作者及时总结经验教训，号召艺术家深入前线，亲身体验，不能架空虚构。

抗战时期的木刻工作者，针对作品内容上的平庸、形式的粗糙，不断总结经验教训，及时纠偏。这些经验，在所谓"抗战神剧"盛行的今天，仍然有借鉴的价值。

四

抗日战争时期的木刻工作者在艰苦的条件下，以昂扬的斗志和乐观的精神，与凶暴的敌人和恶劣的环境作斗争。

赖少其在《火中的木刻》一文中记述，"广西抗战木刻展览会"期间，桂林遭到轰炸，会场被毁，全部作品灰飞烟灭。"我想起了很多在火线上在敌人后方的木刻同志，这些作品，正是在枪林弹雨中制作出来的，他是用血斗争换来的啊！虽然是二百余帧的作品，但所包含的周围是相当广大的，作者也不下七八十位。"但他惋惜之余，信念更加坚定："这些不过是在全面抗战中一点很微小的火星，更大的洪流正在奔腾着呢！火是烧不完我们的，正像不能烧完我们伟大的中华民族一样。"

太行山区敌后木刻工作者，为了保存颜料、刻刀，与敌人捉起迷藏。一次，他们将物资交给一位农民看管，这位农民很巧妙地把东西放在数丈高的断崖上，别人想上去，只有从三丈高的陡壁攀登上去。然而就是这种地方，也被敌人搜到了。老乡为了掩护这些东西，险些被敌人射死。还有一次，得到敌人来袭的消息，大家连夜动手，在村边的耕地里挖了一个很深的大坑，将印成的木刻画、新年画的板子等埋在最底层，上面隔一层厚土，又放一层不重要的东西，用土伪装起来。"扫荡"以后，地洞果然被挖开了，周围还留下一堆灰迹，所幸，最底下的东西并没有被发现。

在当时恶劣的环境里，木刻材料和工具非常紧缺。因为中国制造业落后，木刻工具一般要从德国或日本进口，价格昂贵且不说，抗战时期获得也很不容易。工具的简陋是抗战木刻发展的一大障碍，木刻用品的供应和保障成为开展木刻的首要问题。在物质极度匮乏的时代，刻刀多为土造，以三角锉、圆锉或钢质雨伞骨改制。如浙江一些中小学开展木刻教学，木刻刀是利用废阳伞骨或粗铁丝，在火炉上锻炼改造而成的。木板只能就地取材，北方尚能找到土产的杜梨木作为木刻板的材料，南方就更为困难。广东的某些地区，人们从柴火堆中捡来荔枝板，削平后，用磨刀石磨光作为刻板。由于缺乏擦光板面的砂纸，就用山上残破的石碑，加工磨平来代替。拓印用的纸也多是乡村土纸，至于利用土产的"马兰纸"来画画、印木刻，则尤为常见。延安的物质条件十分困难，举办展览，常常用酸枣刺代替按钉，把展品别在芦席上。

木刻家们组织起来，自力更生。浙江几位木刻家发起组织了中国木刻用品合作工厂，出品优良的刀具，供应全国。1942 年夏，日军进攻浙赣线，野夫带着东南木刻用品供给合作社的全部家当，装了两辆车往南迁移，一路跋涉，损失惨重。到了福建北部与江西、浙江接壤的崇安赤石镇安顿下来，他又重新开业，制成了各种木刻刀、木版、木刻箱、磨石、砂纸、油墨、印刷用纸等一大批，兼供应美术画报及用品等。木合工厂有一个发行网：重庆、屯溪、长汀、永安、南平、建阳、浦城、铅山、河口、赣州，然而由于战时交通阻隔，仍不能普遍供应全国，有许多新木刻作者仍无法找得合适的工具。"木合工厂"为弥补这一缺点，于 1943 年 5 月在柳州设西南分厂。"木合社"在几个后方中心城市也设立分社。如刘铁华在重庆主持的"中国木刻供应社"，虽然技术欠精，但在刀具匮乏的情况下，仍然为一般木刻工作者和初学木刻者解决了燃眉之急。广东是新兴版画的重镇，罗清桢等制造出优良的排刀、三角刀、圆口刀，深受欢迎。

抗战时期的版画工作者，既是战士，又是艺术家。有不少才华横溢的青年艺术家牺牲在抗日战场上，陈九、唐炎两位版画家在遭遇战中被俘，英勇不屈，壮烈牺牲。还有一些木刻家，如项荒途夫妇、刘韵波、赵在青、林夫等，也在战争中献出了生命。有的木刻家和工人，因生活穷困，操劳过度，疾病缠身，英年早逝，如罗清桢、万湜思、杨桂清等。

在艰苦条件下自力更生，找到适合自己的发展道路，是民族精神确立的终极目标。

鲁迅主张中国新兴版画既要"绍介欧美的新作"，也要"复印中国的古刻"，称二者为中国新木刻的羽翼。他为中国新兴版画指明了发展方向："采用外国的良规，加以发挥，使我们的作品更加丰满是一条路；择取中国的遗产，融合新机，使将来的作品别开生面也是一条路。"

鲁迅的意见不是停留在笼统理论上,他还有很多具体指示。他曾写信给版画家李桦道:"倘参酌汉代的石刻画像,明清的书籍插画,并且留心民间所赏玩的所谓'年画',和欧洲的新法融合起来,许能够创出一种更好的版画。"河南籍版画家刘岘曾寄给鲁迅一些开封地区的年画,鲁迅复信说:"河南门神一类的东西,先前我的家乡——绍兴——也有,也帖在厨门上墙壁上,现在都变了样了,大抵是石印的,要为大众所懂得,爱看的木刻,我以为应该尽量采用其方法。"抗战期间,木刻工作者对民间艺术加以改造,创作出广大民众喜爱的作品。1939 年春节,赖少其刻的《抗战门神》由西南行营政治部在全桂林城及近郊张贴起来,是对木刻民族化、大众化的一种尝试,很受好评。延安鲁艺的江丰、沃渣自刻、自印套色年画《春牛图》和《保家卫国》,由鲁艺春节宣传队分送农村张贴。

发扬民族精神,就要提高中华民族的自豪感,培养民族自信心。在艺术上,就要培育为广大民众接受和喜爱的民族风格。抗战期间,延安木刻界在这方面进行了认真的探索,取得了较好的成绩。力群在《鲁艺六年》一文中,曾经提出"延安学派"的概念。他说:这一流派"是以延安鲁迅艺术学院为中心的。它的最突出的代表人物是古元。艺术内容上的特点是歌颂的——歌颂陕甘宁边区人民在共产党领导下所过的民主幸福生活;歌颂敌后军民的英勇战斗和英雄业绩。艺术形式上的特色是脱离了外国影响的富有民族气味的风格"。延安画派的主要成员还有彦涵、王琦、罗工柳、夏风、华山、邹雅、王流秋、焦心河、金浪、陈九、计桂森、安林、苏光、田灵、吴劳、赵沣滨、郭钧、施展、张晓非(女)、刘蒙天等。延安的木刻工作者深入民众,吸收民间文艺的优长,创作出富有民族气息的人民喜闻乐见的作品。他们努力扬弃欧化倾向,代之以民族和民间的线画造型,使木刻艺术独具陕北的地域特色,风格明朗、纯朴、清新。

美国作家赛珍珠支持中国抗日战争,关心中国抗战艺术,对木刻尤为关注。1946 年,重庆中国木刻研究会通过国际宣传处,将 180 幅木刻作品送到美国展览,赛珍珠从这些作品中选出 80 多幅,编成《中国木刻集》（China in Black and White），由她自营的出版社庄台公司（John Day Company）出版。赛珍珠亲撰序言，指出中国人民在战争中获得了民族自决："战争以意义非凡的方式将现代中国人推回到他们自己的国家。各行各业的中国人前所未有地融合在一起了。最现代、都市化程度最高的东部沿海人民，不得不退入那些现代化程度很低、最少与外界接触的西部民众中。新中国和旧中国相互发现了。年轻的中国人找回了民族尊严，自尊和对侵略的愤怒把他们推回到本民族的资源。艺术家们开始从他们自己的深厚传统中汲取创造的力量。"她对中国抗战木刻的总体评价是："这些作品满足了艺术的要求——将熟练的技巧，运用于合适的题材，表达出真实的感情。"

抗战胜利后，木刻家们返回上海，将"木研会"改组为"中华全国木刻协会"。1946 年 9 月 18 日，木刻协会主办的"抗战八年木刻展览"在上海南京路大新画廊开幕，展出 113 位作者的 897 件作品，并编辑出版了《抗战八年木刻选集》（上海开明书店），书名集鲁迅手迹，扉页上用红色字体庄重地印上"仅以此书纪念木刻导师鲁迅先生逝世十周年"。

追溯抗战版画的历史，必须从鲁迅提倡新兴木刻说起；表彰抗战版画的巨大成就，人们不会忘记鲁迅。

中国抗日战争中出现的英雄人物，发生的重大事件，都有版画家用刻刀来表现。中国新兴木刻为抗日战争这个重要历史阶段留下了波澜壮阔的历史画卷，具有很高的艺术价值和文献价值。

（本文根据 2015 年 11 月 27 日在重庆三峡学院所作学术报告整理）

作者系北京鲁迅博物馆（北京新文化运动纪念馆）

常务副馆长、研究员

笔剑无分　肝胆相照

——郭沫若抗战时期的文化情怀

张　勇

中国人民抗日战争胜利暨世界反法西斯战争胜利已经走过了 70 年的历程，为取得这场中国历史上史无前例的民族独立和解放战争的胜利，全中国各阶层的民众浴血奋战，而以郭沫若为代表的知识分子，更是全身心地投入到这场战斗中，他们用自己的笔锋唤醒沉睡的中华大地，以满腔的热血鼓舞迷离的群众，去夺取中国人民和全世界反法西斯战争的最终胜利。

1937 年 7 月 25 日，郭沫若从日本神户出发，"别妇抛雏"，只身踏上了归国抗战的旅程。自此，他以无党派民主人士的身份，投入到建立抗日民族统一战线的事业之中。郭沫若的身影一直活跃在中国抗战的最前沿，他创作出文学审美内涵和社会价值俱佳的历史剧；他奔走各处，发表激情昂扬的演讲；他利用自己的人格魅力，团结知识分子和无党派人士共同抗战。他以各种不同的方式，去唤醒民众抗战的热情，构建了血火淬炼的抗战精神和情怀（图二六）。

一　古今荟萃：独具审美内涵的史剧创作

郭沫若从来都不是一个安于书斋的知识分子，他毕生都以民族兴亡和社会振兴为己任，积极投身于中华民族解放和文化精神振兴的事业之

图二六　郭沫若纪念馆副研究员张勇在重庆三峡学院作学术报告

中，"五四"时期如此，北伐战争时期如此，抗日战争时期亦是如此。

　　1928 年郭沫若因反对蒋介石发动四一二反革命政变，被迫流亡海外。在日本流亡的十年，郭沫若主要致力于历史、考古和古文字等方面的研究工作，相继完成了《中国古代社会研究》《古代铭刻汇考》《卜辞通纂》等历史研究名篇，奠定了中国马克思史学的基础。在流亡日本的十年中，郭沫若由于生存环境所迫，不得不过着埋首书斋的生活，但他的内心一直关注着国内社会局势的变化发展，并做好了随时奔赴国难的准备。

　　1937年7月7日卢沟桥事变爆发，就在这中华民族面临生死存在的关键时刻，郭沫若毅然决然地躲过层层的追捕，秘密归国抗战。在民族危亡与妻儿老少的生离死别之间，孰重孰轻的选择已经不言自明了。在归国途中黄海的航船上，郭沫若满含热泪地写下"此来拼得全家哭，今往还将遍地哀。四十六年余一死，鸿毛泰岱早安排"的感人诗句，由此可见他归国参战的决心和视死如归的精神。

　　归国后，郭沫若不顾旅途的劳顿和个人的安危，立刻投身到抗战宣传之中。在上海，我们看到他亲自到前线慰劳抗日将士的身影；在武汉，我们看到他在献金运动中忙碌的情景；在重庆，我们看到他奋笔疾书写下历史名篇《甲申三百年祭》的兴奋。我们总能在抗战战场的最前沿，观赏到郭沫若富有文化内涵的历史剧的演出，聆听到他群情激奋的演讲，看到他与各界民主人士热情相拥的场景。抗战期间郭沫若在诸多文艺创作上最大的成就，便是历史剧的创作了，1941—1943年，郭沫若先后创作完成了《棠棣之花》《屈原》《虎符》《筑》（后改名为《高渐离》）、《南冠草》和《孔雀胆》6部历史剧的创作。这些历史剧无论是剧作的创作手法还是美学内涵，无论是剧作的主题内容还是历史价值，都是继郭沫若"女神时期"诗歌创作高潮之后的又一次文学创作的高峰。更为重要的是，这些历史剧为激发民众爱国主义精神，巩固对敌抗战统一战线都具有历史性的贡献。这些历史剧何以会产生如此巨大的社会效应和历史价值呢？

　　首先是新颖独到的创作方法。郭沫若在抗战期间所创作的6部历史剧，都是以中国古代历史上的某一事件或历史人物为原型，辅以现代的内涵和意义后创作出来的。他运用了"借古鉴今""借古喻今""借古讽今""失事求似"的创作原则和手法，借中华民族历史上广为人知的历史人物及相关事件，影射抗战的时局。如五幕历史剧《棠棣之花》展现的是战国时期聂嫈、聂政姐弟杀身取义的故事，《屈原》描写的是战国时期楚国大夫屈原与卖国求荣者斗争的故事，《虎符》重现的是信陵君窃符救赵的故事。以屈原、信陵君为代表的历史人物及他们的故事都充满了"正能量"，他们都是不惧危难、舍生取义的中华精神的典范，他们还是广大民众耳熟能详、易于接受的行动榜样和精神力量，以他们作为历史剧创作的内容，观众易于理解和接受。如《屈原》的创作，郭沫若就敏锐地观察到屈原所具备的原初品位与精神脊梁，这正是激励抗战中文人志士御敌斗志的重要因素。内忧外患的民族灾难，促使郭沫若奋笔疾书，完成了抗战文化的巅峰之作历史剧《屈原》。剧中的"橘颂""雷电"与"天问"的表述至今仍震撼人心，并让抗战的民族文化真正具有了深远的历史背景与长存于世的人文价值。剧中不仅再现了屈原遭受奸人排挤陷害后陷入人生困境的历史史实，更主要的是，凸显了屈原遭受打击之后不屈不挠的抗争精神和矢志不渝的人格魅力。郭沫若通过还原屈原独有的文化人格，并将满腔激愤借助于屈原的吟诵抒发而出，从而将中华民族特有的不畏强暴、勇于抗争的民族气节展现出来。通过《屈原》剧作的创作，郭沫若进一步激发了民众抗敌作战的信心和力量。

其次是鼓舞人心的文学话语。郭沫若在抗战时期所创作的历史剧，在遵循戏剧剧本创作基本原则的前提下，延续了他"女神时期"诗歌作品情感外泄的创作方法。通过剧中人物的高声地诵读和灵魂的诘问，表达出不屈不挠的抗争精神。通读郭沫若抗战期间的历史剧创作，你会获得一种感人的力量，这种力量催人奋进，鼓舞斗志。如《屈原》中的雷电颂这样写道："啊，这宇宙中的伟大的诗！你们风，你们雷，你们电，你们在这黑暗中咆哮着的，闪耀着的一切的一切，你们都是诗，都是音乐，都是跳舞。你们宇宙中伟大的艺人们呀，尽量发挥你们的力量吧。发泄出无边无际的怒火把这黑暗的宇宙，阴惨的宇宙，爆炸了吧！爆炸了吧！"郭沫若借助于现代白话诗体的形式，高声地吟唱出屈原所独有的愤激、凄凉的情绪，创作出民族抗战文化史上的壮丽史诗性的巨著《屈原》。

再次是宜于演出的社会效用。随着抗日战争转入相持阶段，特别是日本帝国主义不断扩大在中国的侵略范围，在抗战初期民众的同仇敌忾、誓死同归的抗战情绪逐渐低落下来，如何迅速调动起民众日趋低落的抗战情绪成为当时抗战宣传的关键所在。郭沫若所创作的历史剧，便适时地承担起这种任务。郭沫若在抗战时期所创造的历史剧，除了具有高度的美学特征外，适宜公开演出也同样是其突出的特点。这6部历史剧中，人物关系设置简单清晰，如《棠棣之花》中主要人物就是聂嫈、聂政姐弟二人，《屈原》中主要人物为屈原、宋玉、南后、婵娟等少数几人，这样的安排也凸显出了郭沫若历史剧注重人物情绪的渲染，而淡化故事情节曲折的创作特征，如此的安排更加易于排演，也同样易于不同阶层观众直觉感观和情绪共鸣。1941 年 11 月《棠棣之花》上演后，立刻引起了轰动，两个月内三度公演，打破了当时所有舞台剧演出的纪录。1942 年《屈原》正式公演后，很多人专程从很远的成都、贵阳来观看，《屈原》的首次公演，竟然达到了惊人的 17 场之多。

通过历史剧的创作和演出，郭沫若将中华民族的奋发向上、自强不息、爱好和平、勤劳勇敢的优秀品质集中展现出来，鼓舞了全民族抗战的热情，增强了取得最后全面胜利的信心。

二　亦情亦理：抗战时期激动人心的公开演讲

郭沫若留给历史的记忆更多的是，他是一名卓越的文学家、史学家、古文字学家、翻译家和社会活动家，但他作为一位极具鼓动性的演讲家却被我们所忽略了。特别是他的演讲才能，在抗战时期更是彰显无遗，据统计，仅在抗战时期，郭沫若就作了 100 多场演讲。

全面的抗战需要全民族各阶层的参与，如何在短时间内聚拢普通民众抗战的情感，增强他们抗战的信心，成为了宣传工作的重中之重。相对于诗歌、小说和戏剧等宣传方式而言，演讲因其特有的鼓动性、时效性和通俗性，成为抗战宣传的首选方式。而郭沫若便是这样一位极具天赋的演讲家，他在"女神时期"的很多诗作中，就蕴含着诸多演讲的句式和情绪。作为著名的社会活动家，演讲已经成为郭沫若的一项重要社会活动，同时也是他参与社会发展和文化革新的重要载体。全民族抗战的八年时间里，我们经常会看到他走上街头巷尾、走进高校学府、走入知识群体，振臂高呼的演讲场景，他用此来感染听众，激勉四万万同胞同心同德的抗战热忱。当从留存的影像资料中看到他演讲时坚毅的目光、亢奋的情绪时，我们也会不自觉地深浸其中，随着他情绪的律动而发生情感的共鸣。郭沫若的演讲之所以能有如此的魅力和感染力，主要是有以下几个方面的特征：

第一，演讲词体裁多样。除了诗歌、散文等文学体裁的创作外，演讲词也是郭沫若文学创作的一种特殊形式，同样具有其文学创作的风格。郭沫若演讲词的最大特点是题材涵盖面广泛，既有直接以抗战为题的，如1938年5月8日，所作题为《把有限的个体生命融化进无限的民族生命里去》的演讲中，他赞扬3月17日在鲁西南战场上阵亡的将领是"伟大的人生的成功者"，只有充分珍视生命，才能"担负起复兴民族的使命"。也有以文艺创作为题的，如1945年4月28日在沙坪坝学生公社所作的题为《我们需要怎样的文艺》的演讲，他重点阐释了文艺的本质和方法的关系问题，并提出："我们不需要替统治者歌功颂德，替一家一姓歌功颂德，我们要歌人民大众的功，颂人民大众的德！我们需要这样的文艺！"还有以青年教育为题的，如1939年1月24日在复旦大学作的《我敌青年的对比》演讲，在演讲中他指出："日本青年强于我们，但为侵华之结果，精神身体均颓废失败。中国青年则因抗战关系日益前进。"也还有针对日本问题所作的演讲，如1940年1月14日在中华职业补习学校青年星期讲座上作的《日本政治经济问题》的演讲。

第二，演讲内容亦情亦理。郭沫若的演讲并非是口号式的宣传和直白的说教，而是融感情于道理之中，汇知识于言说之内，这样听众在接受起来既能够得到学理上的提升，也能够受到情感上的感染。如郭沫若在1938年2月15日在长沙"文抗会"上的演讲《对于文化人的希望》，并不是告诫文化人应该怎么办，而是直陈抗战期间文化人在文化创作上的弊病，特别是用生动的言语让听众听起来栩栩如生。"我们的文化人，尤其是文艺工作者，有一种通病，便是过于洁癖"，这样的阐释便使听众对战时文艺创作者的问题明白易晓。同样是在《对于文化人的希望》演讲中，郭沫若提出了"目前的战时文化是应该注重在宣传上的，而宣传的对象则是民众"的战时文艺创作思想观念，这从更深层次上显示出，郭沫若借助于这种浅显易懂的演讲词的表述，将复杂的文艺创作思想统一为战时的文艺创作观念，也为文艺的大众化和通俗化铺垫了发展的道路。

第三，演讲受众层次多样。面对千疮百孔的战时中国，只有全面发动各阶层的民众奋起抗争，才能取得最后战争的全面胜利。各阶层民众因其所受教育、生活经历等方面因素的差异，对事物认识有所不同。为此郭沫若的演讲也格外重视受众层次的多样性。演讲场合上，既有在文西学生军营、汉口女青年会等协会性的场合，也有广西大学、复旦大学等高校学府，还有广播电台等无线传播方式，也还有《新民报》职工读书会、孩子剧团办儿童星期讲习班等临时性会议。演讲听众上，既面对知识分子，也面对普通民众，还面对少年儿童，也还有宗教民主人士。演讲语言上，既有如《文艺之社会使命》的专业术语，又有如《武装民众之必要》的通俗词汇，还有如《在孩子剧团欢迎会上的讲话》的浅白语句。

郭沫若正是通过这样精心的设计和安排，使得演讲的受众都能最大程度地受到鞭策和激励，从而激发了他们内心中原有的抗争的本能和勇气。

郭沫若借助富于感染力的演讲活动，警醒了苦困之中犹豫不前的民众，使之全力以赴地投身到全民族的抗战洪流之中。

三 肝胆相照：革命民主人士的战友情深

一个值得注意的史实便是郭沫若在抗战期间，在中国共产党党组织的特殊安排下，始终以无党派人士的身份参与各项社会公开活动。1941年11月16日，由周恩来、冯玉祥、沈钧儒等发起的庆祝郭沫若创作生活25周年暨50寿辰的活动在重庆、延安、成都、桂林、昆明、香港等地如期举行。当日的《新华日报》刊发专刊，以此来纪念此次活动。周恩来专门撰写了《我要说的话》，高度评价了郭沫若为中国革命事业所作出的突出贡献，并首次提出"鲁迅是新文化运动的导师，郭沫若便是新文化运动的主将"的论断。当时退守到重庆的全国社会各界著名人士500余人参与了此次庆祝活动，他们通过演讲、献诗、发表文章等方式，纷纷称赞郭沫若在各个方面所取得的成就以及为全民族抗战的宣传工作作出的突出贡献。的确如此，在血雨腥风的抗战生涯中，郭沫若无论是 1938 年归国后担任政治部第三厅厅长之职，还是 1941 年担任文化工作委员会主任委员的工作，都与茅盾、老舍、田汉和翦伯赞等广大的党内外知识分子结下了深厚的友谊，成为"革命文化的班头"，为建立起最广泛的全民族抗战的统一战线作出了贡献。郭沫若之所以能团结文学、史学、经济学、社会学、自然科学等领域的著名专家，成为社会各界民主人士最信赖的朋友和战友，关键是他以自己的才学和成就形成了现代知识分子的人格魅力。

郭沫若是"五四"新文化运动以来百科全书式的文化大家，他在文学、历史学、考古学、古文字学、翻译、书法以及社会活动等方面都取得了巨大的成就，留下了丰富的文化遗产。他不仅博古通今、才华横溢，在中国文学、历史、考古、书法等领域留下了宝贵的文化遗产，而且学以致用、关注现实，为新中国的社会解放建设和科学文化事业的发展作出了卓越的贡献。郭沫若以浪漫的理想主义和强烈的爱国情怀，创作出了《女神》等具有审美韵味的名篇佳作，发出了时代的最强音，树立了革新中国的"凤凰涅槃"精神。他以"借古喻今、借古讽今"的创作思想，赋予了屈原等中华历史名人崭新的时代意义，表达出了强烈的革新精神。他以马克思主义理论为指导，构建了中国新的史学研究方法和体系，他的《中国古代社会研究》《青铜时代》等历史著作，成为中国马克思史学研究的典范。他还自觉运用西方先进的考古学理论，完成了《甲骨文字研究》等多部考古著作，为新中国考古事业的发展奠定了深厚的基础。

以上这些成就构成了郭沫若独有的人格魅力，也成为他与社会各界著名学者交往合作的平台和基础。郭沫若与老舍在抗战的血雨腥风中建立起纯真的友情和诗情。他们为了抗日战争的胜利，共同参加声势浩大的劳军募捐活动，并率先捐出了自己珍藏的书画作品；他们还共同创办了诗人节，祭奠爱国诗人屈原；他们互相写诗唱和，留下了"醍醐妙味谁能识？端在吟成放笔时"的美妙诗句。郭沫若与茅盾在全面抗战救亡工作中，消除了"五四"时期有关文学创作、翻译等方面的分歧，统一了对抗战时期文艺创作的认识和理解，结下了"胆肝相对共筹量"的终生友谊。他们分别主持《救亡日报》和《文艺阵地》的工作，为抗战的文艺宣传工作的共同目标相互配合、互相支持，谱写了"慰劳血战三杯酒，鼓舞心头万烛光"的感人情谊。郭沫若与夏衍、傅抱石、翦伯赞、田汉等知识分子，因共同的人生追求和学术理想，也都建立起了终生的友谊。郭沫若凭着自己文化人格魅力，紧密地团结了社会各界著名人士共同御敌。

"风雨如晦，鸡鸣不已"，身处民族危机、国破家亡之中的郭沫若，以其特有的文化情怀，投身到抗战宣传的洪流中，他手中的笔犹如锋利的剑，谱写出一篇篇惊涛骇浪的抗战檄文，为全民族抗战的胜利作出了卓越的贡献。

作者系郭沫若纪念馆副研究员

挥洒丹青　吞吐大荒

——徐悲鸿丹墨里的爱国情怀

刘　名

一个民族的伟大复兴，离不开民族的文化复兴，而要复兴民族文化，就不能不去寻找我们文化历史上的那些先贤们。

人不可有傲气，但不可无傲骨。——徐悲鸿

横眉冷对千夫指，俯首甘为孺子牛。——鲁迅

今天十分荣幸，我随同八家名人故居联盟举办的"文化名人与民族精神"的巡展来到重庆这片热土；也十分荣幸，在纪念世界反法西斯战争和中国人民抗日战争胜利 70 周年的日子里，有机会与三峡学院的诸位莘莘学子，一起缅怀和铭记那些以民族前途为己任，在民族文化战线上树立丰功伟绩的先贤们。他们当中，徐悲鸿先生是不可忽视的一位。

被国际评论誉为"中国近代绘画之父"的徐悲鸿先生，他的伟大之处，不仅仅是他绘画造诣的登峰造极和他一生视艺术为生命的执着，更是他绘画人生轨迹始终与国家兴亡、民族盛衰紧密相连。他的身上凝聚着伟大的爱国主义情怀、公而忘私的高尚品德、不断创新的艺术追求和爱护人才的伯乐风范，凝聚着独立自强的浩然正气和催人奋进的精神力量——"悲鸿精神"。从 1937 年 11 月底到 1946 年初长达 8 年的抗战时间里，在徐先生艺术创作鼎盛时期，他的身影和足迹断断续续留在渝简马路上"光第"住宅，留在北碚、沙坪坝、瓷器口，留在嘉陵江畔

的磐溪石家祠堂。故地重游，我们现在仿佛还能听到在重庆中大的课堂上，徐悲鸿慷慨激昂的抗日救亡的呼声："我自度微末，仅敢比于职分不重要之一兵卒，尽我所能，以有所裨补于我们极度挣扎中之国家。我诚自如，无论流过我无量数的汗，总敌不得我们战士流的一滴血。但是我如不流出那些汗，我会更加难过。"所以，今天我给大家汇报的座谈主题是"挥洒丹青　吞吐大荒——徐悲鸿丹墨里的爱国情怀"，也算是我，徐悲鸿纪念馆的一名员工，对徐悲鸿先生诞辰120年周年纪念所敬献的一点哀思。

　　我将从三个方面来梳理和阐述悲鸿先生丹墨里的爱国情怀。一、所生存的时代背景与自身生活经历对悲鸿先生思想的影响和形成。二、悲鸿先生的字里行间的以文表心。三、丹青中的以画言志。首先我介绍一下悲鸿先生最钟爱的两副对联，尤其是录写鲁迅先生的名言，一直挂在自己的书房，它们都是悲鸿先生一生的写照。"人不可有傲气，但不可无傲骨"，这一名训将"傲骨"提升到生命所依的崇高地位，无傲骨何以立大志、创大奇。先生将鲁迅的"横眉冷对千夫指，俯首甘为孺子牛"作为为人处事的准则，则是他献身美术事业的严格标准（图二七）。

图二七　徐悲鸿纪念馆高级讲师刘名作学术报告

一　成长背景

（一）时代背景

1895 年甲午战争失败后，腐败无能的清政府与日本签订了丧权辱国的《马关条约》，国人群情激愤，康有为、梁启超等数千名举人联名上"万言书"给光绪帝，痛陈民族危亡的严峻形势，要求变法，提出拒和、迁都、练兵、变法的主张，史称"公车上书"。"公车上书"拉开了维新变法的序幕，然而由于守旧派的阻挠和破坏，变法失败。此后，在风雨飘摇中，中国大地先后经历了义和团起义、八国联军入侵、黄花岗七十二烈士、武昌起义及辛亥革命等。这些神州沸腾和寰尘纷扰贯穿了徐悲鸿的童年、少年和青年时代，由于政府腐败而招致外侮、人民备受苦难而奋发自强的历史背景，深深地影响了徐悲鸿的成长，他在内忧外患中长大，苦寒的环境没有磨灭他的理想，反而磨砺了他坚强的意志，激发了他对人生艺术的思考。

（二）从徐寿康到徐悲鸿

1895 年 7 月，正值夏花绚烂的季节。在烟波浩渺、风光潋滟的太湖之滨一个名不见经传的小村里，一个男婴在徐家老宅呱呱降生。老宅主人徐达章是一位精通诗文、书法、篆刻尤擅绘画的私塾先生，给儿子取名徐寿康，寓意平安健康，字虽未能免俗但却十分吉祥，在那个列强入侵、风雨飘摇的落败晚清，恰好蕴含了一个父亲对儿子未来的美好希冀与期许。"可怜天下父母心"，同全天下的父母一样，为了让自己心爱的儿子有一个好的前程，这个不同凡俗的、集中国传统文化之大成者的父亲发现了儿子身上潜藏的绘画慧根，并成为儿子的第一个启蒙老师，他不仅教会了儿子画技，还有中国人历代承传的道德与人品。

1908 年，13 岁的徐寿康为了生计，与父亲一起风餐露宿，漂泊他乡，走街串巷卖画。那些生涯不仅是他对自己绘画功力的一种磨炼，下层社会的苦难与劳苦大众的艰辛也激发了这个乡村少年忧国忧民的情怀。当少年老成的徐寿康怀揣自己亲手篆刻的方章"江南贫侠""神州少年"在艺术的道路上踌躇满志时，这位怀抱幻想的青年贫侠很快就感受到了生活的苍凉与无助，饱受磨难和忧患。

1912年，积劳成疾的父亲重病在床，17岁的徐寿康用瘦弱的肩头挑起养家糊口的重担。1915年，为生计辗转奔波的徐寿康，一年之内失去了三位亲人：父亲、乡妻周氏病故，儿子吉生（他给儿子取名劫生，父亲改名为吉生，一字之别，差之千里）夭折。接二连三的变故和生活的重击，尤其是失去父亲在艺术上的指教，让这位尚不谙世事的年轻人尝到了孤独、悲寂的滋味。无尽痛苦之中，19岁的徐寿康将自己的名字改为徐悲鸿，"悲"是世事无常饱经忧患的感触，"鸿"是搏击长空的大鸟，将自己浪漫地比喻成一只要穿越茫茫长空的悲哀的孤雁。尽管命运没有眷顾徐悲鸿，依然让他饱受磨难和忧患，然他却是铁着心，一生恪守"艺为人生"的世界观，在艺术的海洋中苦觅，打拼天下，他把对祖国和人民的无限深情凝聚在画笔上，挥洒自如地抒发着爱国激情。

（三）新思想的熏陶

在徐悲鸿最初的人生旅途上，他的身边就站着许多历史巨人、荟萃着一代大师。

1. 康有为　在经历了戊戌变法、亡命东洋、周游列国后，康有为对政治心灰意冷，似乎只剩下学贯中西的艺术素养。在上海哈同爱俪园一次名流沙龙聚会上，两人相见。康有为看到徐悲鸿身上绘画的潜质，便收徐悲鸿为入室弟子。康有为对中国画的见解和主张，深深地影响了徐悲鸿。康有为认为，目前只是书斋玩味的中国画是没有前途的，中国画要想有前途，必须融入世界文化的潮流中，完成自身的丰富和改造。他主张，兴中国画应"合中西以求变，开拓中国绘画新纪元"，并鼓励徐悲鸿出国去西洋学画。徐悲鸿于1917年5月去日本游学，他切身感受到日本维新时期的创作画风，并且对日本绘画嬗变的源头——法国充满向往。

2. 蔡元培　1918年，蔡元培聘请游日归来的徐悲鸿出任北京大学画法研究会导师。此时正是五四运动前夕，由沪抵京的陈独秀以《新青年》等刊物传播新文化的理念，北大校园精英会聚、思潮奔涌。在北大，徐悲鸿找到了符合自己气质的理想氛围，思想也在新文化思潮中脱胎换骨。北大给徐悲鸿最大的影响，是把他从"绘画中国"引导到"现实中国"里来，他不再是一个书斋画家，不仅对于绘画技法，也对于自身民族的历史命运产生了深深的忧患，并怀揣着一大堆改变中国文化的革命思想。在北大画法研究会上，徐悲鸿慷慨激昂："中国画学之颓败，至今日已极矣"，颓废的原因是"守旧"。他发表《中国画改良论》，提出"古法之佳者守之，垂绝者继之，不佳者改之，未足者增之，西方画之可采入者融之"这样的美术主张。并就改良之法（学习、物质、破除派别）及风景画之改良、人物画之改良，阐述了自己的见解。

3. 陈散原　清末湖南巡抚陈宝箴之子，他曾辅佐父亲在洋务运动和维新变法时开办新政，提倡新学，支持变法。百日维新失败后，他以诗文书画抒发积郁愤激之气。陈散原很赏识徐悲鸿，认定他是可造之才，让自己在北大画法研究会当导师的长子陈师曾与徐悲鸿交朋友。陈师曾与徐悲鸿谈师论画，极为投缘。他认为，中国画不改革就没出路，鼓励徐悲鸿去法国留学，学习西方绘画的精华，来改良中国画的颓面。

4. 弗拉孟和达仰·布佛莱　弗拉孟和达仰·布佛莱是巴黎国立高等美术学院的导师，也是法国当代最著名的画家。19 世纪初，在文艺复兴源头的西方画界，各种艺术学派和不同画风争奇斗艳，画理伦风也争论不休。对于选什么样的导师，学什么样的学派，在这点上徐悲鸿非常明确。他想的不只是个人的爱好，而是民族绘画的更新。他思考着中国绘画需要从西方"拿来"些什么。他认为中国并不缺少写意和抽象的元素，缺少的正是写实训练。他何尝不知，由日益成熟的写实传统向写意抽象转化，将现代派推向极致，在西方蔚为大观，因为写实在西方已经走过漫长的历程。他觉得，中国的绘画改革则相反，急需汲取西方绘画的写实精华，尤其是引入西方绘画的科学理论与训练方法。所以在导师的选择上，他主张一是最好，二是写实。徐悲鸿看中了弗拉孟教授，是觉得他的历史画与主题肖像画创作，是现实主义传统的精华，气势宏大，流畅自然。而弗拉孟喜欢徐悲鸿，他看到的徐悲鸿不只是一个学生,而且是一个成熟的中国艺术家。此外,徐悲鸿的个人知己兼导师的达仰·布佛莱,也让他领悟到西方绘画的精髓。

徐悲鸿具有中国绘画的基础,理解西方绘画技法的角度与众不同,他对西方透视学、解剖学以及色彩学、光学原理的把握,很快高出其他同学。他练习素描到了废寝忘食的地步,从人体结构的变化关系,到物质的明暗层次。从质感、体积感到色彩感,深受弗拉孟教授的称赞。这些技艺的融会贯通,成为徐悲鸿一生在方寸尺幅上尽情抒发理想和抱负的心灵钥匙。

5. 周恩来 前往法国留学的徐悲鸿有备而来,他不是一个盲目的小青年,而是一个理智的中国画家。他时常思考着"大道",那就是一个民族的使命和一个画家的责任。徐与当年留学法国的中国青年一样,抱定明确的目的。积贫积弱的中国,使他们过早成熟,充满革命激情。他们在不同方向、不同领域寻找他们自认为的真理。在巴黎拉雪兹神父公墓里巴黎公社社员墓前,前来凭吊死难烈士的周恩来,与在这里写生的徐悲鸿相遇,他们俩共同的话题,就是步入巅峰的欧洲绘画与雕塑。这是一幅让无数中国人怦然心动的画面。两个同样怀揣理想和抱负的中国青年,在这里殊途同归,日后成为国家的栋梁之材。

此外,徐悲鸿一生与田汉及郭沫若的至交和情感上的共鸣,不仅仅是老友与老友的关爱,更是血性男儿的心灵撞击。

二 文如心声

徐悲鸿一生中关于抗日救亡的文字言论很多,下面我们就择取二三来展现一个爱国热血男儿的情怀和抱负。

1. 1919 年 3 月,徐悲鸿赴法国留学。以前人们以为,徐悲鸿"五四"前夕离开北京,与五四运动没有关系。其实,当五四运动爆发的时候,身在欧洲的徐悲鸿,不曾忘怀北大精神。"今日何日乎,吾等齐处烈风猛雨里,往者暴君污吏贪官屠将殄民害国,罪恶不可谏,偏今日白手空拳,排难御侮是吾事,振臂束襟同奋起,可以凿开道捍狮虎,猛兽实无知,不似戈龙勃入美洲,野人容易制。今日乎,空间尽处是吾敌，众贼频起来不息，吾有双臂并两拳，当与道者尽格杀。黄帝吾祖乎，吾为汝裔勿羞戚。八年夏，国人奋起击贼，有死者，吾尽海外，只能悲歌一掬同情之泪，成词二首，敢奉仲子学长匡谬。　悲鸿"，这篇悲愤激昂的文字，见证了一个虽在异国他乡却同样感受腥风烈雨的热血青年——将自己的振臂疾呼融入"五四"大潮的徐悲鸿。

2. 徐悲鸿说："民族精神不可或缺，艺术家即是革命家，救国不论用哪一种方式，苟能提高文化，改造社会，就充实国力了。"20世纪30年代，徐悲鸿在欧洲举办画展。当时中国在许多欧洲人心目中，还是一个任人宰割的无知形象，徐悲鸿带去的不只是东方绘画，还有一个中国人的民族自信心。说是拯救一个民族未免过分，但徐悲鸿的所作所为让欧洲人耳目一新，却也是不争的事实。有人曾经问林语堂，学中国画要多久？林语堂说，5000年。这正是徐悲鸿向世界表明的一种骄傲。这些中国画所蕴含的东方曲笔，欧洲人是否真正理解，我们无从考证，也许徐悲鸿本人也不在乎，但他的画论却透露出他的追求。他说"一幅作品最少要反映一些时代精神"，他常思考着"大道"，那就是一个民族的使命和一个画家的责任——立大德，创大奇，为人类申诉。

3. 1939年，徐悲鸿在南洋办巡展，共筹得国币15398元9角5分。遵从徐悲鸿提议，星华筹赈会将这笔巨款交中国银行寄往广西，作为第五路军抗日阵亡将士遗孤抚养之用。徐悲鸿把画展所得款项无私地捐给祖国，却不以之而沾沾自喜，他说："身居后方者，无论如何努力，总比不上前方将士兵器悬殊无间寒暑之苦战。出钱者，无论数量如何之大，必不能比得为民族而牺牲性命者之贡献。"

4. 徐悲鸿评论田汉《义勇军进行曲》时说，垂死之病夫偏有强烈之呼吸，消沉之民族里乃有田汉之呼声，其音猛烈雄壮，闻其节调，当知此人之必不死，其民族之必不亡。

三　以画言志

徐悲鸿一生恪守"艺为人生"的世界观，他把对祖国和人民的无限深情凝聚在画笔上，挥洒自如地抒发着爱国激情。今天我们将从几幅人物画来展示徐先生的爱国情怀。

（一）《田横五百士》

从 1919 年到 1927 年，徐悲鸿在欧洲留学 8 年，8 年的卧薪尝胆，8 年的兼容并蓄，8 年的励精图治，已使徐悲鸿饱满了艺术激情。学成归来的徐悲鸿，站在中国的土地上，要把自己的所学、所思、所感、所悟，倾入中国画坛，用自己独特的风格和独创的艺术造诣，把久已沉寂、失去生命的中国绘画带进一个新的境界。

《田横五百士》便是一幅用纯粹的西洋技法，在巨幅的画布上描绘一个纯粹的史诗般的气势宏大的中国故事，用中国的油画展现一个东方民族"富贵不能淫，威武不能屈"的无畏气概和坚韧之魂。这幅高 198 厘米、宽 355 厘米的巨作，取材于《史记·田儋列传》。故事讲述的是陈胜、吴广起义后，各方豪杰纷纷响应，齐国的后裔田横也是抗秦的队伍之一。汉高祖刘邦消灭群雄、统一天下后，田横同五百将士仍困守在一孤岛上。刘邦听闻田横很得人心，为免后患，便下诏要田横来降，否则派兵铲平孤岛。为了保存岛上 500 人的性命，田横带领两名部下离开海岛向洛阳进发。到离城门还有 30 里的地方，田横沐浴更衣，拔剑自刎。死前他叮嘱两名副将拿着他的人头去见刘邦，表示自己不受投降的屈辱，也要保存岛上人的性命。汉高祖厚葬田横，并封两名副将为都尉，但两人追随田横自缢而亡。岛上的人得知消息后，纷纷蹈海而死。

画面描写一个舍生取义、生离死别的悲壮情景，人物众多，各自诉说着离别之情，从精微细处体现悲愤之情。身穿红袍的田横气宇轩昂，拱手向众壮士告别。持剑者的手臂以宽阔的笔触挥写，显示出激愤与力量。一群衣不蔽体但神情倔强、性格各异的男女老少，或忧伤，或沉默，或愤怒。颈部扭曲的战马与浓重低沉的白云，以及以一当十的不对称构图，都预示着一场不平静事件的发生，整幅画面呈现出强烈的悲剧色彩。

在中国历史上，"田横五百士"成为忠义、节烈的象征，后人借用这一典故，用以呼唤同仇敌忾、共赴国难的英勇精神，或用以歌颂誓死不做亡国奴的民族气节，或用以抒发家国不再的悲怆。司马迁曾感慨道："田横之高洁，宾客慕义而从横死，岂非至贤！余因而列焉。无不善画者，莫能图，何哉？"曾称"江南贫侠"的徐悲鸿，在两千年后，用充满想象力的彩笔，回应了太史公"无不善画者，莫能图"的诘问，这不是美术史上的不朽业绩吗？

（二）《蔡公时被难图》

徐悲鸿的爱国情怀在其艺术创作中表达得最充分，他最具历史分量的作品，是创作于抗日战争时期的那些直接或间接表现抗日救亡主题的作品。《蔡公时被难图》是最早直接表现抗日救亡题材的作品。

为了阻止国民革命军北伐，日军不顾国际法，1928 年 5 月 3 日，冲入济南外交机构，捆绑了外交人员。当时担任战地政务委员会外交处主任的蔡公时用日语提出抗议，竟被日军割掉耳朵和鼻子。蔡公时热血洗面，向随员喊道："惟此国耻，何日可雪！"日军又剜掉他的眼睛，割掉他的舌头。进而将与蔡公时一起的 17 名外交人员一并虐杀，并焚尸灭迹。之后在济南大肆搜杀中国军民 6000 余人，制造了骇人听闻的"济南惨案"。日军的暴行引起举国震骇和义愤。徐悲鸿应邀为福建省教育厅作《蔡公时被难图》。写过"毒焰披猖逼眉睫""男儿昂藏任宰割"那样愤怒诗句的徐悲鸿，此时此刻面对眼前的国家民族之奇耻深恨，是以何等激愤的心境提笔作画。画面上，蔡公时背对两个日本宪兵，地上翻倒着一个箱子，背景画一长桌，血淋淋的残酷场面跃然纸上，日寇的惨绝人寰的丑恶嘴脸一览无余。

（三）《愚公移山》

1940 年，应泰戈尔之邀，徐悲鸿到印度访学。身在和平乡的徐悲鸿，一直牵挂着并不和平的祖国，他利用各种机会振臂疾呼，进行爱国演讲和托物言志的创作。站在喜马拉雅山山麓的那片土地上，面对"国破山河在，春城草木深"的悲怆，面对个人家庭风雨飘摇的悲欢，远离故土与亲友的徐悲鸿是忧郁孤寂的，而这忧郁孤寂却成为他艺术巅峰生长的沃土。

为人生而艺术，视"立大德，创大奇，为人类申诉"为画家责任的徐悲鸿，在孤独中进入了状态，苦苦构思一篇宏大的史诗长卷，一幅激励中国人民坚韧不拔、勇往直前、抵御侵略、反抗压迫的民族气概的史诗长卷。

1941 年，国内抗战如火如荼。为了打通中国与世界反法西斯诸国之间唯一的一条国际通道，凿出一条生命线——滇缅公路，在中缅边境的高山峡谷中，原始森林里，数十万中国军民挥动着最为简陋的工具，风餐露宿，以最坚韧的毅力、最顽强的拼搏、最矢志不渝的信念劳作着。当这幅一个民族在绝境中生存状态的悲壮画面，萦绕在徐悲鸿脑海中时，他仿佛看到了那个白胡子愚公与他的子孙们从洪荒远古向他走来，他们赤裸着血肉身躯，也赤裸着"子又生孙，孙又生子……子子孙孙无穷匮也"的坚定信念。

"艺术要表现生活，一幅作品最少要反映一些时代精神。"正是愚公不怕困难的顽强毅力和知难而进、有志竟成的行为，沸腾了画家的爱国忧民的男儿血脉，澎湃了画家燃烧到极点的情感火焰。伟大的创作酝酿于伟大心灵。徐悲鸿为此做了充分的准备，他在西方绘画的海洋中沉浮，在中国传统的沉淀中寻找，无数张画的打磨，似乎就等着这一天的到来——《愚公移山》的轮廓在画家的脑海中清晰灵动起来。

大型彩墨画《愚公移山》通过西方人体艺术理念与中国传统绘画技巧的融合，运用了形、光、色、线、点、面等中国的、西方的所有造型艺术手段，充分发挥各种因素的魅力，着力表现叩石垦壤的壮男体魄。他们大多全裸，只有少数着短裤，形象高近真人。他们挥舞着手中之镐，有正有侧，有仰有俯，造型夸张，动态强烈，神情激越。画上的每一笔既自然流畅又不失严谨，每根线条都被赋予生命力，力度空前，以很强的视觉冲击力造成一种排山倒海的决心，呈现出一种恢宏气势。整个作品洋溢着一种乐观无畏、改天换地的英雄气概，是对力量与原始生命的呼唤和礼赞，充分展示了"人定胜天"的伟大精神，奏响了回荡于天地之间的美妙乐章，在抗日战争最艰苦的年代里，极大地鼓舞了中国人民的斗志。

"为什么挖山者都要画裸体？"面对这样的不解和质疑，徐悲鸿回答说："不画裸体表达不出那股劲来。画人体的肌肉、筋骨的活力很有感人的效用，无论是英雄豪杰或舟子农夫，都因为靠着那几根骨头和肌肉的活动，方有饭可吃，有酒可饮，有生可用，有国可立。"

（四）《鲁迅与瞿秋白》

真正的大师都是孤独的。当我们把目光凝注在白色画布上已经用线条粗粗地勾勒出基本轮廓的《鲁迅与瞿秋白》，虽是未竟之作，我们还是十分清晰地捕捉到两位身穿长衫、一根烟、一支笔、瘦弱而坚强的文化巨人眉下眼神间忧国忧民的灵魂，和在失望中寻找希望并看见希望的坚毅。瞿秋白说过，我本是一个半吊子的"文人"而已，直到最后还是"文人积习未除"的。鲁迅说过，只要能培一朵花，就不妨做做会朽的腐草。鲁迅与瞿秋白这一对人生知己，这对外表文弱却无丝毫奴颜媚骨、中国文化革命的主将，在中国"烈风猛雨"的时代，用文艺的威武唤醒民众的灵魂，扛起民族精神的火炬，吹响人民奋进的号角，振臂疾呼，冲锋陷阵。时间似乎凝固在徐悲鸿作画的瞬间，两位穿长衫的文化人，栩栩在徐悲鸿画笔之下游走的线条，目光平和而忧郁，简单而深邃。

十分推崇鲁迅的徐悲鸿，亲笔誊录鲁迅的名言"横眉冷对千夫指，俯首甘为孺子牛"，贴在国立北平艺专学校教学楼的大厅内。后又亲笔录写，作为座右铭，一直挂于自家书房中，时时自励，与自己朝夕相伴。这与徐悲鸿早年南京傅厚岗居所"危巢"中悬挂的字联"独持偏见，一意孤行"前后相应，既是他"出污泥而不染"的执拗个性的写照，也是他"襟怀孺子牛"的宽阔胸怀表白。"地上本没有路，走的人多了，也便成了路。"晚年的徐悲鸿要画出孤独与孤独的欣赏，是否也蕴含着渴望被理解的初衷？

"有的人活着，他已经死了；有的人死了，他还活着。"想起臧克家的《有的人》，我由衷地感到，真正的艺术家是不会死的，他们的生命永驻在那些可以越超人生的心血之作。徐悲鸿的整个生命似乎是一次遥远的旅行，留下了一个探索者伟大的身影。他给后人的启示，是他的爱，对自然的爱，对人类的爱，那是一个大写的爱。山水美丽如昔，人生却成过往，徐悲鸿，站在今人的视野里，他还是那么神采飘逸，魅力十足。能在世人中存有记忆，是一位画家应该引以为豪的荣耀，因为他永远活在人间。

作者系徐悲鸿纪念馆高级讲师

第五部分

资讯动态

"纪念中国人民抗日战争胜利 70 周年——文化名人与民族精神"展览亮相 5·18 主会场

    5 月 18 日上午,在首都博物馆主会场的"5·18 国际博物馆日"系列活动开幕式上,启动"纪念中国人民抗日战争胜利 70 周年——文化名人与民族精神"主题展览国内和国外的巡展。由北京市文物局局长舒小峰向北京市八大名人故居代表郭沫若纪念馆副馆长赵笑洁授巡展旗帜,全国政协委员及著名作家艾克拜尔·米吉提、肯尼亚国家工商会中国投资贸易委员会代表杨菲菲接过赴新疆、肯尼亚巡展的展旗。

    为深入贯彻习近平总书记系列重要讲话精神,以及新颁布施行的《博物馆条例》,在纪念中国人民抗日战争胜利 70 周年之际,结合 2015 年国际博物馆日"博物馆致力于社会的可持续发展"的宗旨。本展览由北京市文物局、北京博物馆学会主办,八家名人故居纪念馆承办,于"5·18 国际博物馆日"当日在首都博物馆主会场展出。随后将赴新疆霍城、广西南宁、江苏泰州、重庆市以及北京市的中小学、企事业单位进行巡展,并将以"中华名人展"为主题,赴肯尼亚等国家巡展(图二八至图三一)。

图二八   "5·18 国际博物馆日"活动开幕式之一

图二九   "5·18 国际博物馆日"活动开幕式之二

图三〇   "5·18 国际博物馆日"活动开幕式之三

图三一   "5·18 国际博物馆日"活动开幕式之四

"纪念中国人民抗日战争胜利70周年——文化名人与民族精神"展览走进新疆霍城

　　北京的宋庆龄故居、李大钊故居、北京鲁迅博物馆（北京新文化运动纪念馆）、郭沫若纪念馆、茅盾故居、老舍纪念馆、徐悲鸿纪念馆、梅兰芳纪念馆，八家名人故居纪念馆每年联合在"5·18国际博物馆日"期间推出主题鲜明的展览，已经成为了特色。2015年也不例外。2015年的主题展览"纪念中国人民抗日战争胜利70周年——文化名人与民族精神"于"5·18国际博物馆日"当日在首都博物馆主会场展出，并由新疆霍城县走出的全国政协委员、著名作家艾克拜尔·米吉提先生从北京市文物局局长舒小峰和八家名人故居纪念馆代表——郭沫若纪念馆副馆长赵笑洁手中接过赴霍城巡展的旗帜。6月14日，在霍城县第五届薰衣草文化旅游节开幕期间，进行了展览开幕式、图书捐赠和巡展活动（图三二）。

　　开幕式由霍城县委常委、宣传部长李西域主持。他赞扬了北京八家名人故居纪念馆的展览是给霍城人民的文化精神礼物，呼唤了民族精神，鼓舞了各民族建设祖国的士气，希望今后多组织这样的交流活动。梅兰芳纪念馆副馆长刘祯代表北京八家名人故居纪念馆致辞："北京的八家名人故居纪念馆与中共霍城县县委、霍城县人民政府共同以20世纪八大文化名人为主题举办的'文化名人与民族精神'展览，是在习近平同志关于中华民族伟大复兴和关于世界人民纪念反法西斯胜利和中国人民纪念抗日战争70周年系列讲话的背景下举办的，也是当下对全体党员干部进行'三严三实'教育，推进作风建设的一次很好的实践活动，有着特殊的意义。"全国政协委员、著名作家艾克拜尔·米吉提

图三二　"文化名人与民族精神"霍城巡展开幕式

先生宣布本活动开幕。

　　中共霍城县委、霍城县人民政府有关领导和工作人员，艾克拜尔·米吉提先生，北京八家名人故居纪念馆的有关领导和工作人员及霍城县部分中小学生，参加了开幕式活动。

"中华名人展"在肯尼亚内罗毕国家博物馆开幕

　　当地时间2015年10月26日下午，"中华名人展"在肯尼亚内罗毕国家博物馆开幕。该展览为大型图片文献展，旨在宣传郭沫若、宋庆龄、李大钊、鲁迅、茅盾、老舍、徐悲鸿、梅兰芳等中华文化伟人为中国及全人类作出的贡献。本次赴肯尼亚展出是该展首次访问非洲国家（图三三）。

图三三　八家名人故居联盟与肯尼亚大使迈克尔·肯彦居商谈巡展事宜

出席展览开幕式的肯方人员有肯尼亚国家参议院副议长金比·吉图拉（Kimbe Gitura），肯尼亚国家博物馆馆长米扎兰朵·吉布贾（Mzalendo Kibunjia）等，参加开幕式的中方人士包括内罗毕大学孔子学院院长撒德全等。

吉图拉、吉布贾分别发表了热情洋溢的讲话，祝贺本次展览顺利举行，并欢迎中国客人来访。中方代表团团长梅兰芳纪念馆书记、副馆长刘祯代表各家纪念馆在开幕式上讲话。中肯双方代表共同剪彩后，展览正式开幕。代表团与嘉宾和孔子学院师生们一同参观了展览，并就展览内容进行了交流。孔子学院学生们还演唱了中文歌曲《肯尼亚、中国是一家》《同一首歌》等，将活动推向高潮。

"文化名人与民族精神——纪念中国人民抗日战争胜利 70 周年"展览在泰州开展

　　"文化名人与民族精神——纪念中国人民抗日战争胜利 70 周年"展览于 2015 年 11 月 5 日至 20 日在江苏泰州学院图书馆正式开幕。泰州市领导致辞，北京鲁迅博物馆何洪副馆长代表北京八家名人故居纪念馆致辞。泰州学院学生参加开幕式，并参观展览（图三四）。

图三四　"文化名人与民族精神"泰州巡展开幕式

　　北京主办单位：中共北京市委宣传部、北京市文物局、首都博物馆联盟、北京博物馆学会。

　　泰州主办单位：中共泰州市委宣传部、泰州市凤城河风景区管委会、泰州市文化广电新闻出版局。

　　北京承办单位：宋庆龄故居、李大钊故居、北京鲁迅博物馆（北京新文化运动纪念馆）、郭沫若纪念馆、茅盾故居、老舍纪念馆、徐悲鸿纪念馆、梅兰芳纪念馆。

　　泰州承办单位：泰州学院、泰州市梅兰芳纪念馆。

"文化名人与民族精神"巡讲展演活动在重庆三峡学院举办

　　"文化名人与民族精神——纪念中国人民抗日战争胜利 70 周年"巡讲展演活动于 2015 年 11 月 26 日在重庆三峡学院拉开序幕。活动开幕式上，重庆三峡学院院长张伟代表承办方致辞，梅兰芳纪念馆馆长秦华生代表主办方致辞。活动还邀请梅葆玖先生的弟子表演了《贵妃醉酒》《穆桂英挂帅》等经典剧目，三峡学院艺术团的学生们也带来了精彩的表演。

　　活动期间，梅兰芳纪念馆秦华生研究员、北京鲁迅博物馆黄乔生研究员、郭沫若纪念馆张勇副研究员和徐悲鸿纪念馆刘名女士分别作了相关文化讲座。此次，八家名人故居纪念馆还与重庆三峡学院美术学院建立了战略合作关系，八馆成为该院学生实践实习基地。巡讲展演活动吸引了该院两万余名师生参与，并给予高度评价（图三五、图三六）。

图三五 "文化名人与民族精神"重庆巡展开幕式上的文艺演出

图三六 梅兰芳纪念馆馆长秦华生研究员作学术报告

"文化名人与民族精神" 展览在广州
辛亥革命纪念馆举行

为纪念世界人民反法西斯和中国人民抗日战争胜利 70 周年，2015 年 12 月 15 日至 19 日，"文化名人与民族精神" 展览在广州辛亥革命纪念馆举行。此次活动由中共北京市委宣传部、北京市文物局、首都博物馆联盟、北京博物馆学会、中共北京市西城区委宣传部、中共广州市委宣传部、广州市文化广电新闻出版局联合主办。由广州辛亥革命纪念馆、广州市黄埔区深井小学、宋庆龄故居、李大钊故居、北京鲁迅博物馆（北京新文化运动纪念馆）、郭沫若纪念馆、茅盾故居、老舍纪念馆、徐悲鸿纪念馆、梅兰芳纪念馆承办。

本次展览通过大量珍贵历史照片与实物展品，展示了宋庆龄、李大钊、鲁迅、郭沫若、茅盾、老舍、徐悲鸿、梅兰芳八位历史文化名人的生活轨迹，以及他们身上体现出的伟大民族精神，使观众直观感受到他们为了近代中华民族的独立与自强而不懈奋斗的爱国情怀。此次展览旨在进一步弘扬中华民族优秀的文化遗产，提升广大民众的文化认同和民族自豪感，激励大家为实现中华民族伟大复兴的中国梦而努力奋斗（图三七至图四〇）。

图三七　"文化名人与民族精神"广州巡展开幕式

图三八　中共广州市委宣传部领导参观展览

图三九　"文化名人与民族精神"广州巡展

图四〇　"文化名人与民族精神"广州巡展

后　记

16 岁是一个花季般的青春年龄，它虽然还不成熟，但满怀着创造未来的希望和理想；它虽然还不完美，但充满着改造现实生活的真诚和愿景；它真诚而不世故，它勇敢而不怯懦，这就是 16 岁青春的宣言。

2015 年北京八家名人故居联盟已经走进了 16 岁的年龄。在这一年间，他们的青春脚步走到了天山之侧的新疆霍城，他们的青春气息涌入了长江三峡的重庆万州，他们青春文化感染了神秘非洲的肯尼亚，他们远离闹市，远离尘嚣，为的就是要把 20 世纪文化名人的民族信仰和青春精神传递到祖国的各个角落，乃至于世界的神秘之洲。青春需要纪念，青春需要永恒，他们用青春的文字谱写下 16 岁的峥嵘岁月，于是就有了这本文集的诞生。

文集的理论前沿部分刊登了 6 篇文章，虽然角度不同，但是都是为了能够使名人故居博物馆的发展更加美好。追忆空间部分既回顾了名人的历史故事，又记录了八馆同人奔赴各地巡展的心声。学术论坛部分选取了三位学者从不同角度对名人历史价值的解读。"莺歌蝶舞韶光长，红炉煮茗松花香"，我们深知这本文集正如 16 岁的青春一样还不成熟，但我们相信，经过岁月的磨砺，经过实践的丰益，我们必将会为大家奉上充溢茗香的浓茶。

送别老友，结识新朋是每年共有的主题，感谢八家名人故居联盟老友的支持和协作，感谢新结识朋友的真诚和热情。扩而广之，没有社会各界领导、同人和老友新朋的帮助，我们八家名人故居联盟是无法取得今天的成就，在此只能用更加丰盈的成绩向各位表示感激之情。

编者

2016 年 1 月于北京